空手「組手」必勝テクニック50

最強道場が教える 攻撃技の極意

荒賀道場 監修

メイツ出版

はじめに

柔道、剣道と並び日本の武道として伝承されてきた空手道は、2020年の東京オリンピックで、形、組手とも正式競技として採用されました。今後は、ますます世界に普及していくことでしょう。その空手道ですが、特に組手で、武道からスポーツ、いわゆる『空手道』から『競技空手』にその姿を変えつつあると言えます。

そこで本書では、日頃、荒賀道場で指導している試合に勝つための技、テクニックを中心に解説しました。また、私の教え子であり、現時点で現役選手でもある長男の龍太郎が得意としている技や、長女の知子と次男の慎太郎が現役選手だったときに得意としていたテクニックも紹介しています。基本となる部分は変わりませんが、空手は世界に普及するのと比例するように、少しずつ姿を変えています。そのため、トレンドなども取り入れる必要があり、世界を相手に戦う現役選手、あるいは現役を退いて間もない選手のテクニックは、参考になるはずです。

ただし、組手の試合は生き物同然。相手や相手との相性などが違えば、本書で解説したテクニックが、必ずしも効果的とは言えない場合もあり得ます。ここで書かれている内容は、答えの一つであると捉え、ご自身の経験や瞬間的なひらめき、判断などを加味しながら、最善策を見つけ出してください。

また、本書はシニアを想定したルールに合わせています。組手では各カテゴリーによってルールの違いがあるので、それぞれのルールに照らし合わせて読み進めていただけたら幸いです。

本書を参考に試合に臨んだ結果、試合で好成績を残せた。さらには世界の舞台での活躍につながった。そんな空手家が一人でも多く出てきてくれることを願っています。

荒賀道場　荒賀正孝

目次

第一章 突き

突き 9

01-1 構えの基本
前拳を相手の顔面に照準を合わせて構え、軽く膝を曲げて準備しておく 10

01-2 突きの基本
自分の間合いを知り、その間合いから最短距離で突く 12

02 中段突き
相手が先に上段を刻み突きで打ってきたら、すり足で斜め前方に移動しながら斜めに突く 14

03 上段突き
相手の突きをバックステップでかわし、相手が引く瞬間に突きに行く 16

04 上段突き
拳を引かないで、構えている位置から無反動で素早く突く 18

05 上段突き
上段を突くときはスキンタッチを狙い、相手をのけ反らせる 20

06 上段突き
相手の蹴りに対しては、上段刻み突きで対応する 22

07 荒賀龍太郎流 突きの極意-1
上段の逆突きと見せて相手の前拳を払い落とし、上段を突いてポイントを取る 24

08 荒賀龍太郎流 突きの極意-2
後ろ足の膝を抜くように寄せて、両足の内側に力を溜め、スピードに乗った刻み突きでポイントを取る 26

09 荒賀龍太郎流 突きの極意-3
突き終わりに腕を引かない上段の刻み突き・逆突きのワンツーで相手をのけ反らせ、スリーの刻み突きでポイントを取る 28

10 荒賀知子流 突きの極意-1
前拳を前に残したまま逆突きを出して相手に反応させ、その瞬間に素早く前に残した拳で上段を突く 30

11 荒賀知子流 突きの極意-2
初動を察知して、入ってくるのを利用して相手より先に刻み突きで突く 32

12 荒賀慎太郎流　突きの極意-1
中段突きを意識させ、低い位置から中段に行くと思わせ、上段の逆突きでポイントを取る――34

13 荒賀慎太郎流　突きの極意-2
ワンツーを1、2ではなく1.5のタイミングで突き、相手のカウンターよりも先に突ききる――36

14 荒賀慎太郎流　突きの極意-3
中段の逆突きで相手の上段突きを誘発させ、そのカウンターを抜いて逆突きで中段を突く――38

15 荒賀慎太郎流　突きの極意-4
相手のフェイントに合わせてダンキングし、突いてこないと思わせておいてから意表を突いて刻み突きでポイントを取る――40

16 荒賀慎太郎流　突きの極意-5
重心を落として相手に中段を意識させ、中段のように入りながら直前で上段を突く――42

章末コラム
技術を身につけるための荒賀道場の教え-1――44

―目次―

第二章 蹴り――45

17-1 蹴りの基本
軸足のつま先で回転し、体の回転を利用すれば、距離も出て強い蹴りになるため、ポイントになりやすく反撃もされにくい――46

17-2 中段蹴りの基本
中段の前蹴りは、体重を乗せて押し進むような重い蹴りにして、相手の推進力も止める――48

18 上段蹴り
蹴る前からつま先を横に向け、フットワークやフェイントで体勢を調整し、相手の動きに合わせて攻撃する――50

19 上段蹴り
カウンターの上段裏回し蹴りは、わざと下がって相手を引き込み、蹴り足で巻き込むとアピールとなりポイントになりやすい――52

20 荒賀龍太郎流　蹴りの極意-1
後ろ回し蹴りの軌道から変化させて上段を蹴る――54

21 荒賀慎太郎流 蹴りの極意-1
軸足の引き付けと蹴る動作の初動を同時に行い、より素早い蹴りでポイントを取る――56

22 荒賀慎太郎流 蹴りの極意-2
上段蹴りに反応させ、防御のため上げた両腕の間から上段を蹴る――58

章末コラム
技術を身につけるための荒賀道場の教え-2――60

第三章 連続技

連続技――61

23 突きと突き
本当に突いていると思わせられれば、相手がカウンターを合わせにくるところでカウンターを合わせられる――62

24 突きと突き
上段刻み突きと見せかけて、上段の逆突きを出す1人時間差攻撃でポイントを取る――64

―目次―

25 突きと突き
下がる相手には、両手を前に出して連続で突き続け、カウンターを封じ込めながらポイントを奪う――66

26 突きと蹴り
上段を突きながら素早くダンキングを行い、突いた腕を戻さずに上中段を蹴る――68

27 突きと蹴り
中段突きと見せかけて素早く体を引き戻し、相手の上段カウンターに合わせて蹴る――70

28 蹴りと突き
ポイントを取りに行く蹴りを防御する相手の腕に当て、押し込むようにして反撃を封じてから蹴り足側の上段刻み突きでポイントを重ねる――72

29 蹴りと突き
中段の前蹴りで相手の両腕を防御するために下げさせ、上段の刻み突きを狙う――74

30 蹴りと蹴り
中段を蹴ったあと、膝を下げずに膝の高さをキープしたまま引き足の速さを意識して上段の蹴りにつなげる――76

31 蹴りと蹴り
重心を下げて相手の足を払い、バランスを崩したところで上段の蹴りを狙う —— 78

32 投げと突き
片手で相手をつかみ、足を掛けながら自分の方に引き込んで投げ倒し、すかさず突く —— 80

33 投げと突き
振り打ちで相手の首を巻き込み、足を掛けて引き込めば、より自分の近くに投げ倒せて、突きが容易になる —— 82

34 荒賀知子流　連続技の極意
出てくる相手に対して、前足の中段蹴りで相手を瞬間的に止め、その隙に刻み突きで上段を突く —— 84

35 荒賀慎太郎流　連続技の極意
一度中段の前蹴りを当てておき、次に同じ蹴りと同じ寄せ方で間を詰めて上段を刻みで突く —— 86

章末コラム
技術を身につけるための荒賀道場の教え-3 —— 88

—目次—

第四章 逆体に効果的な技 —— 89

36 対逆体の基本
逆体と試合するときは、フットワークを駆使して相手の外側を取る —— 90

37 逆体に効果的な技-1
相手が外を取って出てきた瞬間、前拳を捻って腕だけを相手の外側に移動させて、外側から上段の刻み突きを狙う —— 92

38 逆体に効果的な技-2
上段のワンツーで相手を内側に残して突きを受けさせ、瞬間的に空いた中段を蹴ってポイントを取る —— 94

39 逆体に効果的な技-3
上に意識がいかないようにさせておいて、上段を突いて一瞬にして上に意識を持っていかせ、腰をぶつけて倒して突く —— 96

—目次—

本書の使い方

・Point1～3
このページで解説する技を、3つのポイントで解説しています。

・該当Point
左ページで解説しているPoint1～3の、該当場面を記しています。動作順とは限りません。

・6分割の連写
このページで解説するメインの技を、6枚の連写で掲載しています。

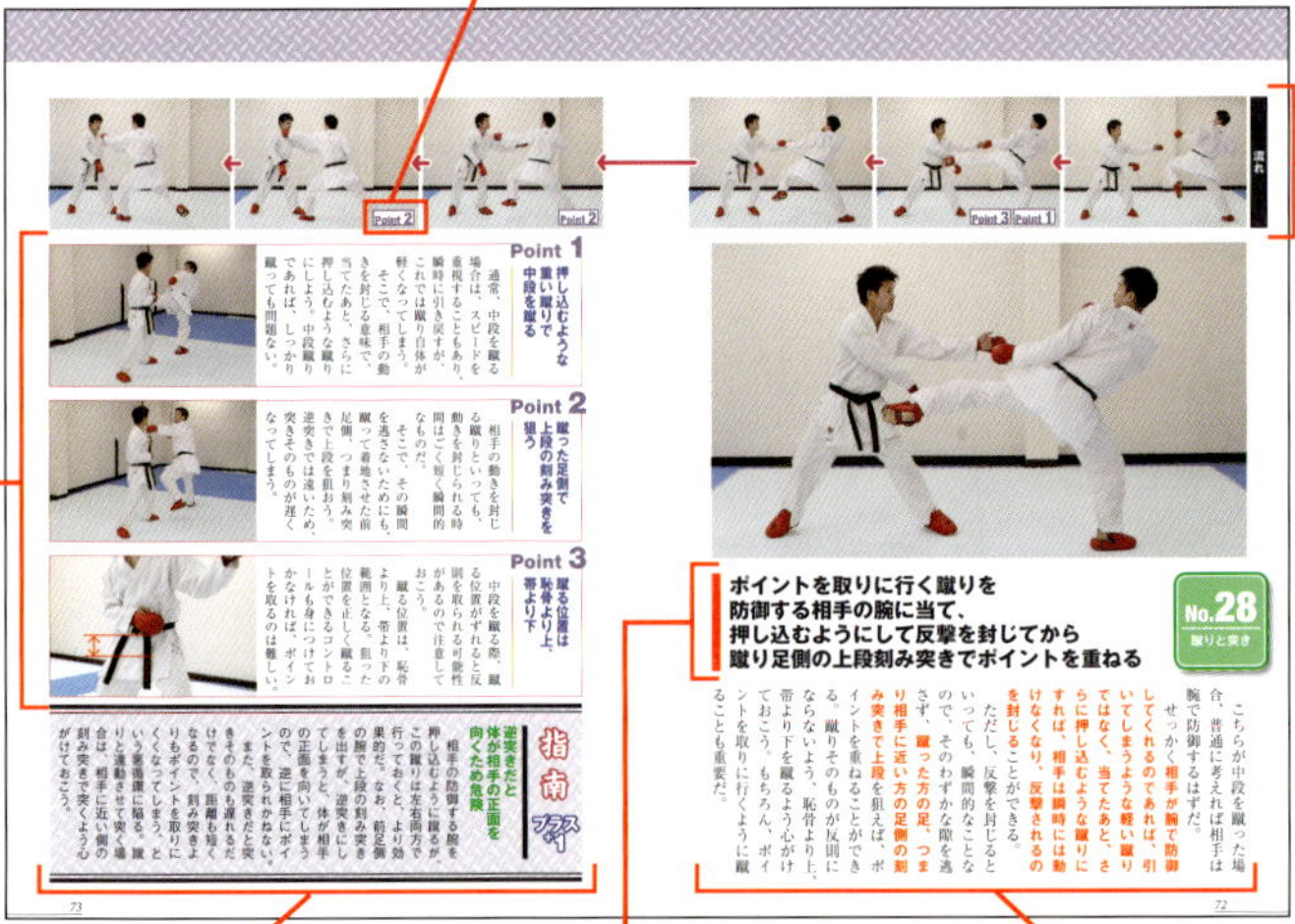

・指南+1
Point以外の大切な事項などを記載しています。

・タイトル
このページで解説する技を、具体的な表現で記載した見出しです。

・本文
このページで解説する技の概要を記載しています。

・4分割（または8分割）の連写
このページで解説するメインの技を、4枚または8枚の連写で掲載しています。

・注目ポイント！
このページで解説する技の大切な事項などを記載しています。

・タイトル
このページで解説する技を、具体的な表現で記載した見出しです。

・本文
このページで解説する技の概要を記載しています。

第一章 突き

組手の試合で、もっとも多用するであろう突き。この章では、結果に直結する基本的な突きの技術を押さえつつ、試合でポイントを取るためのテクニックや、カウンターで突くテクニックについて解説する。

前拳を相手の顔面に照準を合わせて構え、軽く膝を曲げて準備しておく

No.01-01
構えの基本

まずは突きのテクニックについて解説する前に、組手の試合における正しい基本的な構え方をおさらいしておこう。

両腕は脇を締めて開かないように注意しながら、肘を曲げる。このとき、左構えの右構えいずれの場合であっても、**肘を曲げて両腕の拳を相手の顔面に照準を合わせよう**。つまり、肘から拳までの前腕の延長線上に相手の顔面が来るようにする。そのまま腕を伸ばせば、上段突きになる、というイメージだ。

足は膝を軽く曲げ、いつでも動けるよう準備しておこう。この状態でフットワークを使い、常に基本的な構えになっているよう、体に覚え込ませておくことが重要だ。

Point 1 両腕の脇を締めて肘を曲げる

構えるときは、左右どちらの構えであったとしても、肘を曲げたときに脇が開かないように締めておくことが重要だ。脇を締めずに空けたままにしておくと、突くとき腕（拳）が遠回りになってしまうため、遅くなるだけでなくコントロールにも悪影響を及ぼす。

Point 2
相手の顔面に照準を合わせて構える

脇は締めて構えるだけでは不十分。両方の拳が相手の顔面を捉えるよう、膝の角度を調整しよう。
肘から拳にかけての延長線上に、相手の顔面が来るようにする。これがずれていると、特に上段を突くときに角度を再調整しなければならなくなる。

Point 3
軽く膝を曲げて、動ける準備をしておく

基本的な構えを覚えるにあたり、つま先の向きにも注意しよう。膝を軽く曲げ、いつでもすぐに動ける準備をしておく。
この状態で、フットワークを使うのが、正しい上半身の使い方だ。つま先が前を向いていると、前への推進力にブレーキがかかってしまう。

指南 プラス+1
自分の意識も照準を合わせておく

拳の照準を相手の顔面に合わせるのは基本中の基本だが、試合では拳だけではなく、自分の意識そのものも相手に照準を合わせておかなければいけない。

つまり、不安や恐怖感などから集中できなかったり、この相手に勝つという集中力が途絶えてしまっては、いくら拳の照準が相手に合っていたとしても、まったく意味をなさないからだ。試合中、あえて腕（拳）を下げて照準を外すことで、それをフェイントにしたり、相手の気持ちをかく乱させるなどを狙ってもいい。

1 自分の距離を知り、一歩の踏み込みで届く間合いを知っておこう。近すぎれば詰まり、遠すぎれば届かずカウンターの危険もある。

2 突くときは、自分の間合いから軸足となる後ろ足を前に引き付けると同時に、前足を一歩踏み込んでいく。

No.01-02
突きの基本

自分の間合いを知り、その間合いから最短距離で突く

ここでは突きの基本と言っても、初心者に向けた基本的な突き方という意味ではなく、刻み突き、逆突きのどちらの場合であっても、突く際に覚えておかなければいけない基本事項を解説しておく。

それは、自分の間合いを知る、ということだ。**どの間合いであれば届くのか、どの間合いだと遠いのかを知っておいて、その自分の間合いを理解した上で勝負することが大切**ということだ。言葉で言うのは簡単だが、この意味を真に理解している選手は少ないのではないだろうか。

また、遠い間合いから無理に突きに行こうとすると、当然、移動距離が長くなるので、相手のカウンターを受ける危険性も高くなることも覚えておこう。突くときは、必ず間合いを詰めることが必要であり、自分の間合いで勝負するよう心がけることが、結果的に勝ちにつながるものだ。

3 踏み込んだ前足が着地した場所が、自分の攻撃（ここでは逆突き）を出したときに近すぎず遠すぎない距離にある。

4 自分の間合いを知り、その間合いで攻撃できれば、正しい突き方でしっかり相手を突くことができる。

注目ポイント！

顎が上がっていると、思ったよりも距離が出せない

間合いそのものが自分の間合いであっても、いざ突きに行っても届かない、ということがある。

それは、顎が上がった状態のまま突きに行こうとしたときだ。顎が上がっていると、上体が反ってしまうため、前への推進力が減る。その結果、イメージしているよりも距離が出せないわけだ。

これは相手の攻撃を上体を反らしてかわした場合、あるいは恐怖心から上体が反ってしまっている場合などで、そのままで突こうとするときに起きることが多い現象と言える。仮に直前まで上体を反っていたとしても、突きに行く瞬間、顎を引いて重心が後ろに残らないようにすることが重要だ。

顎が上がっていると

距離が出ないので、
自分の間合いでも届かない

1 相手が上段の刻み突きで攻撃してきたとき、バックスウェーなどでかわさず、斜め前方に移動できれば突きをかわせる。

2 ここでは前ではなく右斜め前方に前足を踏み込んで、相手の刻み突きを抜きながらカウンターの準備を始めている。

相手が先に上段を刻み突きで打ってきたら、すり足で斜め前方に移動しながら斜めに突く

No.02
中段突き

相手が先に攻撃を仕掛けてきた場合で、それが上段の刻み突きであったなら、**突いてきた瞬間にすり足で相手の外側、斜め前方に体を移動させる**ことができれば、相手の刻み突きは抜けてしまうのでポイントを取られる危険性を低くすることができる。

同時に、**斜め前方に移動しながらカウンターで突きを当てる**ことが可能だ。つまり、相手の突きをいなしておいて、側方から攻撃をしかけるわけだ。斜め前方に移動するだけでは、ポイントを奪われることを防ぐことにしかならないが、間合いが詰まっている状況でもあるので、その瞬間、攻撃に転じ、ポイントを奪わない手はないだろう。

現代の組手の試合ではフットワークを使った戦い方が主流だが、すり足で移動することによって、相手に悟られずに移動して間を詰めることが可能となる。

3 相手が先に突こうとして間を詰めているため、後ろ足は動かさず、前足のみを右斜め前方に踏み込んで逆突き。

4 左下の写真のように、突いたあと軸足を後方に引けば、相手に攻撃に転じられる可能性も低く、さらに斜めから次の攻撃も可能。

注目ポイント！

相手を誘い突かせておいて カウンターを狙ってもいい

相手が先に上段を突いてきた場合だけでなく、間合いを詰めて相手を誘い、突きを出させておいて、斜め前方に抜ける、ということも可能だ。間合いを詰めてきたと感じた相手が、その瞬間を狙って突いてきたとき、スッと相手の突きをいなすようなイメージで斜め前に移動し、斜めに突きを出せば、効果的なカウンターとなる。

図を見てもわかる通り、斜め前方に移動せず前方に移動してしまうと、相手と正面から当たることになるので、仮にすり足であっても、突きを当てられる可能性が高くなるので注意しておこう。斜め前方に移動しているつもりでも、実際には前に移動している場合もあるので、斜め前方へに移動は、身体に染み込ませて自然とできるようにしておくのが望ましい。

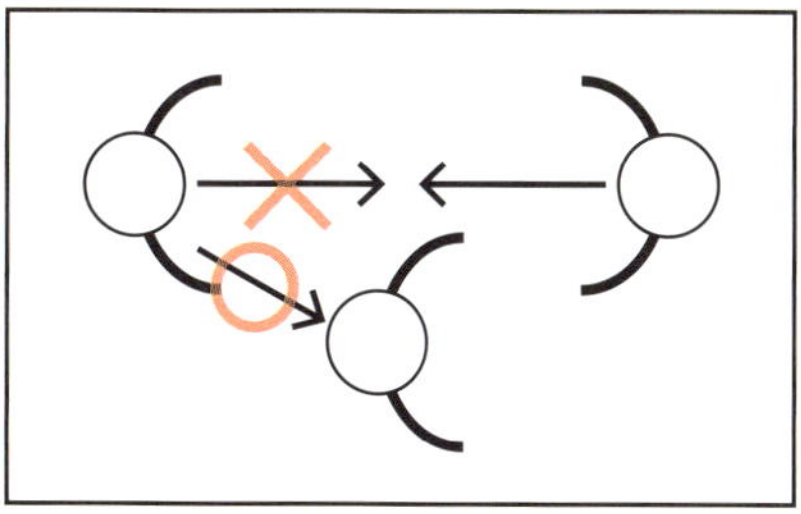

流れ

相手の突きをバックステップでかわし、相手が引く瞬間に突きに行く

No.03
上段突き

相手が先に突いてきたとき、間を切って攻撃をかわす方法もあるが、後ろ足を引いて重心を後ろに傾けることで、突きをかわすことができる。もちろん、バックステップで間を切るのもひとつの防御方法だが、これでは流れで攻撃に転じることはできない。

攻撃をかわすだけでなく、逆に攻撃に転じたいのであれば、**後ろ足のみを一歩引き、上体を反らして突きをかわし、相手が引く瞬間に後ろ足は動かさず、前足のみ突くために整えて上段（状況によっては中段も可）を突く**。このテクニックを身につければ、相手が引いてしまう前であれば前足を踏み込む必要もなく当てることができ、カンターを当てられる危険性も低い。

Point 1 相手の動きに合わせ、バックステップで距離を取る

相手が突いてきたら、その動きに合わせてバックステップで距離を取る。

バックステップといっても、両足を引いて間を『広げる』のではなく、後ろ足のみを後方に引き上体を反らすことで、相手の突きが当たらない距離を作ることができる。

Point 2 相手の突き終わりの引く直前に突く

相手は突き終わると、突いた腕を引くが、腕を引いてしまってから突こうとすると届かなくなる。

そこで、相手が引く直前くらいのイメージ、つまり腕が伸び切った瞬間に突きに行くイメージなら、引いた後ろ足は戻さなくても、十分に届く距離となる。

Point 3 前足を踏み込んでしまうと、詰まり過ぎる

相手は詰めてきているため、前足を踏み込んでしまうと、逆に距離が詰まりすぎて突けなくなるので注意しておこう。

また、かわしたときに重心を後ろ足に乗せているので、その反動を利用して、前足を踏み込まずして前への強い推進力に変えよう。

指南 プラス+1

かわすときに前足を引かない

Point1で、バックステップで相手の突きをかわすと解説したが、このときに前足も引いてしまうと、相手が引いたとき距離ができてしまうので、攻撃が遅れる。つまりは、前足を引くことで間合いを切ることになってしまうわけだ。

流れ

拳を引かないで、構えている位置から無反動で素早く突く

No.04
上段突き

上段に限らずではあるが、突きは構えたときに脇を開かないようにしておくことが重要だ。つまり、基本的な正しい構え方が重要であり、正しい構え方ができているからこそ、正しく突けると覚えておきたい。脇が開いてしまうと、突く瞬間に肘を引いてから突くようになってしまう。これでは肘を引く分だけ突きが遅れるだけでなく、拳が遠回りする原因にもなる。

逆に、**しっかりと脇を締めて閉じておくと、肘を引くこともなくなり、構えたその位置から無反動で、しかも最短距離の速い突きが出せる**ようになるわけだ。無反動であれば、初動が悟られにくくなり、相手に防御する隙やカウンターを受ける可能性を低くできる。

Point 1 脇を締めて閉じておく

基本的な正しい構え方は、脇を締めて閉じ、肘と拳を結ぶ直線のライン上に相手の顔が来るようにすることだ。これはその構えた状態から拳を真っすぐ伸ばしたとき、上段を突ける位置だからだ。

脇が開くと、相手の顔をライン上に捉えるのが難しくなる。

Point 2 脇が開いていると肘を引いて打ってしまう

脇が開いていると、突こうとしたとき、無意識に肘を引いて反動を利用しようとしてしまう。肘を引いてしまうと、その分、突きが遅れて出てしまうことになる。

さらには、最短距離で突けなくなる可能性が高くなるなど、弊害が多いので注意しよう。

Point 3 構えた位置からそのまま突く

正しい構えで肘と拳を結ぶラインの延長線上に相手の顔を捉えたら、突く際は、その位置から最短距離で突こう。特に上段突きの場合は、真っすぐ突けばいい。

肘を引くことなく突けるので、ボクシングで言うノーモーションで、相手に初動を悟られない。

指南 プラス+1

基本あっての応用であると覚えておく

ここで解説した『脇を開かない』ことは、あくまでも基本であると覚えておこう。基本である以上、当然、応用もあるわけだ。

その応用とは、脇を開く、ということ。これは、基本と応用という関係というよりも、脇を閉じたり開いたりしながら、自分の攻撃の形を作るというイメージに近い。ただし、あえて基本としたのには理由がある。それは脇を開くと、ここで解説した『突く前に肘を引いてしまう』原因になるからだ。脇を開いても肘を引かないで突けるようにしておこう。

1 上段突きは、試合が始まって最初の上段への突きであればなおさら、スキンタッチを狙って突きに行く。

2 前足を踏み込んで、ここでは上段の刻み突きでスキンタッチを狙う。

No.05
上段突き

上段を突くときはスキンタッチを狙い、相手をのけ反らせる

試合で上段を突くときは、なるべくスキンタッチを狙おう。これは試合が始まって最初に上段を突くときは、必ずと言っていいほど実践してほしいテクニックの、基本中の基本だ。

最初は必ず、と念押ししているのには理由がある。**ファーストコンタクトでスキンタッチをしておけば、試合序盤から相手に恐怖心を与えることができる**ため、試合を優位に進められる可能性を高められるからだ。

もちろん、スキンタッチであれば反則ではないし、ポイントを取れる可能性もある。もしポイントにならなかったとしても、スキンタッチにすることで相手の上体をのけ反らせることができる。上体がのけ反るということは、相手は反撃に転じるのが難しくなり、結果的に反撃を受ける危険性を減らすことにもつながるという、大きなメリットも生まれる。

3 スキンタッチで相手をのけ反らせておく。左下の写真くらい相手をのけ反らせることができれば十分だ。

4 相手の上体が反るので反撃を受けにくい。

注目ポイント！

入ったと思って自分で勝手に試合を切らない

上段突きがスキンタッチで入ると、ポイントを取ったと勝手に判断し、自分から試合を切ってしまうことがある。ポイントとして認めるか認めないかは審判の行うこと。もし審判がポイントを認めなければ試合は継続されていることになるのは、説明するまでもない。

勝手な判断で試合を止めてしまうと、目線も相手から切ってしまうし、気持ちもいったん切ってしまう。この状態で試合が続いていたとしたら、どうだろう。一転してピンチを招き、逆に相手にポイントを奪われる危険性が極めて高くなる。

もちろん、上段突きに限ったことではないが、技が入ったかどうかを自分で勝手に判断するのは絶対にやめよう。また、このような判断は、癖になっていたりすることもある。癖になっていると、試合でヒートアップした状態では、コントロールできず、無意識に癖が出てしまうので、日頃から注意し、審判が止めるまで試合に集中し続ける『癖』をつけておこう。

勝手に判断して気持ちを切ってしまうと

試合が続いていた場合、ピンチになってしまう

流れ

相手の蹴りに対しては、上段刻み突きで対応する

No.06
上段突き

相手の蹴りに対し、後ろに下がるなどして間合いを切ってしまえば、ポイントを取られる可能性は低くできるが、自分が攻撃できる可能性も低くしてしまう。

そこで、**相手の蹴りに対して、真横を向きながら間合いを詰めてしまえば、相手が蹴れない**だけでなく、仮に蹴れたとしても抜けてしまうので、ポイントを取られる可能性を限りなく低くすることができる。しかも、**刻み突きで突ければ、ポイントを取ることも可能**だ。ただし、このとき逆突きで突いてしまうと、体が相手の正面を向いてしまい、蹴りが抜けなくなってしまうので注意が必要だ。また、軸足のかかとを前に出すと、蹴りが抜けやすく、刻み突きの距離も出せる。

Point 1 相手の蹴りに対して腕を入れて防御する

相手の蹴りに対しては、体と相手の足の間に腕を入れて防御しよう。ここでは相手が中段を蹴っているので、腕を下げて腕で相手の蹴りを受けつつ、攻撃する準備を行っている。
腕が入っていれば、ポイントを取られることはない。

Point 2 上段の刻み突きで間を詰める

Point1で間を詰めると解説したが、このときは、せっかく相手の蹴りを外して間を詰めるので、上段の刻み突きでポイントを取ることも考えておこう。
逆突きでは自分の体が相手の正面を向いてしまい危険なので、必ず刻み突きを選択するよう心がける。

Point 3 身体を回転させて真横を向く

間を詰める際は、刻み突きでポイントを取ることを考えるが、同時に、軸足のかかとを前に出し、自分の体を完全に横向きにさせよう。
こうすることで、相手の蹴りが抜けやすくなるし、軸足のかかとを前に出すことで、その分、刻み突きの距離も出せる。

指南 プラス+1

上段突きではなく上段打ちでもいい

上段突き以外にも、ポイントを狙える技はある。この場合は上段打ちも有効だ。ただし、上段打ちの場合、技としては『打ち』であっても、決して打とうとしてはいけない。

裏拳のようなイメージで上段で相手に触れ(スキンタッチ)、急いで腕を引き戻すようなイメージを持っておく。この「急いで引き戻す」ことで、よりポイントの可能性を高めることができる。

1 相手がカウンターを狙っている状況下を判断する。

2 逆突き（ここでは右腕）を出し始める。

3 なるべく上から振り下ろすような軌道ではなく、真っすぐ突くよう心がける。

4 上段を突きながら、途中から下に払い落とすような軌道で腕をおろしていく。

No.07
荒賀龍太郎流 突きの極意-1

上段の逆突きと見せて相手の前拳を払い落とし、上段を突いてポイントを取る

荒賀龍太郎氏の得意技のひとつが、上段の逆突き（ここでは右腕）を伸ばし、そのまま相手の前の腕を下に払い落とし、後ろ足（ここでは右足）を踏み込みながら、さらに逆突き（左腕）で相手の上段を突くという方法だ。

最初の上段逆突きは、最初から相手の腕を払おうとすると、上から振り下ろすような軌道になってしまう。これでは相手に察知されやすくなってしまうので、**真っすぐに腕を伸ばしてから下に払う。そして、後ろ足を踏み込む際は外側、ここでは右足なので右側に踏み込んで相手の外に出ながら上段の逆突き**でポイントを取る。相手が返しのカウンターを狙っているなら、なおさら効果的な技だ。

5 相手の前拳を払いながら、後ろ足を踏み込み始める。

6 前に移動させ始めた後ろ足を外側（ここでは右前方）に移動させると同時に、左腕で突き始める。

7 右足を相手の右側に着地させると同時に、左の逆突きで上段を突く。

8 突き終わりも集中力を切らさず、相手の右側に捌いていく。

注目ポイント！

最初の逆突きは、できる限り真っすぐ突く

解説したように、最初の逆突きはできるだけ真っすぐ突くよう心がけておく。相手の前拳を叩き落とそうとする意識が強すぎると、突いてから拳の軌道を変えるのではなく、上から下に移動させてしまうからだ。相手は前拳を払われたくないため、間を切ったり腕を避けたりするなどして、結果的に払えない可能性が高くなる。

また、後ろ足を前に移動させて踏み込む際は、必ず相手の外側に着地させよう。

1 軸足に重心を乗せて、いつでも動けるようにしておく。

2 軸足で前足を押し出すように、少しだけ移動させる。

3 さらに前足を前に移動させる。

4 前足を着地させると同時に、軸足の膝を軽く折るようなイメージで抜き、引き付け始める。

後ろ足の膝を抜くように寄せて、両足の内側に力を溜め、スピードに乗った刻み突きでポイントを取る

No.08
荒賀龍太郎流
突きの極意-2

荒賀龍太郎氏のスピードに乗った攻撃のひとつ。技そのものは上段の刻み突きだが、爆発的なスピードを生む突きの極意は、瞬間的に力を溜める両足にある。

本来の突きは、後ろ足（軸足）を前に引き付け、着地させると同時に前足を押し出す動きになるのが一般的だ。

しかし、**ここでは後ろ足で前足を微かに前方に移動させながら、後ろ足は膝を抜いて（軽く折るような状態）引き付け、瞬間的に両足の内側に力を溜める**。両膝を内側に絞るようなイメージだ。そして、その溜めた力を一気に開放するように、後ろ足で前足を弾き出して踏み込めば、スピードに乗った突きが出せるようになる。

5 軸足を着地させた瞬間、重心を後ろに残したまま両膝を内側に絞るようなイメージで、足の内側に力を溜める。

6 溜めた力を一気に開放するように、軸足で前足を前に送り出す。

7 タイミングを合わせて刻み突きを出し始める。

8 前足を着地させながら、上段の刻み突きを狙う。

注目ポイント!

軸足は足全体ではなく、膝を折ると引き付けやすい

ここで解説した刻み突きの最大のポイントは、足の内側に力を溜めることにある。最初に軸足で前足を前に送り出したら❶、前足が着地した瞬間に軸足を引き付け始める❷。軸足を引き付ける際は、足全体を引き付けようとすると引き付けにくいので、膝を軽く内側に折って『つっかえ棒』を抜くようなイメージを持っておくといい❸。

そして軸足のつま先が着地した瞬間に両膝を内側に絞るようにして、腿の内側（内転筋）に力を溜めることで❹、瞬間的な爆発力につながる。

1 軸足に重心を乗せて、いつでも動けるようにしておく。

2 前足（ここでは左足）を踏み込みながら刻み突きを伸ばし始める。

3 刻み突きで腕が伸びた瞬間、逆突きを出し始める。

4 突き終わりに腕を引かず間髪入れずに連続で突くことで、相手にカウンターを出させず、のけ反らせる。

突き終わりに腕の引きを短くする上段の刻み突き・逆突きのワンツーで相手をのけ反らせ、スリーの逆突きでポイントを取る

No.09
荒賀龍太郎流
突きの極意-3

No.25（P66）で、下がる相手に両手を前に出して連続で突き続ける技術を解説するが、下がる相手でなくとも、連続の突きでポイントを取ることができる。上段の刻み突き・逆突きのワンツーで相手をのけ反らせておき、後ろ足を踏み込みながら、スリーで上段の逆突きを狙うテクニックだ。

ワンで刻み突きを出すが、このとき逆突きになる腕も前に出しておく。そしてワンで刻み突きが伸びた瞬間、間髪入れずにツーの逆突きで突く。そして軸足を前に踏み込みながら、**逆突きの腕が伸びると同時に、スリーの逆突きで上段を突く連続技だ**。打ち終わりは、カウンターで反撃されるリスクを回避するため、相手の外側に体を移動させる。

5 両腕を前に残したまま、軸足を引き付けて前に移動させ始める。

6 前に出した足を着地させながら、逆突きで上段を狙う。

7 前に出した足は、相手の外側（ここでは右側）に着地させる。

8 突き終わりに相手の外側に逃げることで、反撃されるリスクを減らす。

注目ポイント！

腕を前に残して、移動距離を短くしておく

ワンで突いた腕を引き戻さず、前に残しておくことで、スリーの突きを通常よりも速く出すことができるようになる。教科書通りに引いて突くワンツースリーを『パン・パン・パン』と表現するのであれば、拳の移動距離が短くなるため、相手にとっては『パン・パン・パ』で突かれる、ということになるわけだ。

また、ツーの突きもあらかじめ前に出しているため、相手はカウンターを出す余裕もなく、結果、のけ反って(よくてバックスウェー)避けようとするため、スリーの逆突きが届くことになる。当然、前への推進力もないので、カウンターを当てられる危険性は極めて低くなるというわけだ。

1 軸足に重心を乗せて、いつでも動けるようにしておく。

2 前足（ここでは左足）を前に踏み出し始める。

3 前拳を引かないよう注意しながら逆突きで突き始める。

4 前足を着地させながら、あえて短めに突き、相手の前拳を反応させる。

No.10
荒賀知子流
突きの極意-1

前拳を前に残したまま逆突きを出して相手に反応させ、その瞬間に素早く前に残した拳で上段を突く

　荒賀知子氏が現役選手だったとき、得意にしていた突きのひとつ。上段の逆突きで相手に反応させ、その隙を突いてさらに逆突きで上段を突くというものだ。この連続の逆突きで重要なのは、**最初の逆突きのとき、前に出していた腕を引かずに、その場に残しておく**ことになる。

　この逆突きのときは相手に反応させるのが目的なので、上段に届かせようと思わず、むしろ拳の移動距離を短めにして、次の逆突きを出すタイミングを速めることを意識したい。二本目の逆突きは、元々拳を前に残しているので、移動距離が短くなり、相手がカウンターを当てようとするより先に上段を突けるようになる。

5 後ろ足を前方に送りながら、前に残していた拳を伸ばし始める。

6 引き付けてきた右足で踏み込みながら、逆突きの上段を狙う。

7 相手のカウンターが伸びる前に上段の正確な部位を突いてポイントを取る。

8 突き終わりは相手の外側に体を移動させ、反撃されるリスクを軽減させる。

注目ポイント！

一打目の逆突きに反応させる

この技では、一打目の逆突きでポイントを取るわけではないので、一打目は上段に届かない距離でいい。むしろ届く距離になってしまうと、二打目の逆突きが近すぎてしまうので、相手に反応させることを目的に、相手が反応しやすい距離で突こう。

一打目に反応すると、その瞬間、もう一方の突きは見えていないので、その瞬間的な隙を突いて、あらかじめ前に残しておいた腕で上段の逆突きを狙えばポイントになりやすい。

1 相手の動きをよく観察しておく。

2 相手が入ってこようとして、その予備動作として重心が前に移動する動きを察知する。

3 相手が軸足を引き付けて入ってこようとするのに合わせて準備する。

4 相手が入ってきた瞬間は、予備動作を消して先に突きに行く。

No.11
荒賀知子流
突きの極意-2

初動を察知して、入ってくるのを利用して相手より先に刻み突きで突く

相手が入ってくるときというのは、いきなり技が来るわけではなく、必ず予備動作、初動がある。軸足を引き付ける、前足が上がる(動く)などが顕著な例だが、その**初動に合わせて、相手の技よりも先に技を出してポイントを取る**のが、この突きだ。

相手の動きをよく見ておき、軸足を引き付けて入ってこようとする瞬間に準備をしておく。相手が入ってくる(間を詰める)分、自分が前に出る必要はないので、予備動作である軸足を引き付けることもなく、初動を消して先に刻み突きを出せばいい。相手の出ばなに合わせる、荒賀知子流出ばな突きとも言えるテクニックだ。

5 相手の刻み突きよりも拳が前に出て腕が伸びている。

6 相手より先に上段を突く。

7 相手が突こうとしたタイミングでは、すでに突き終わっている。

8 集中力を切らさずに、次の動作に移る。

注目ポイント！

相手と同様に予備動作を入れると遅れる

このテクニックは、相手が入ってくることを利用して、こちらの予備動作を省いて先に突いてしまうというものなので、こちらも予備動作を入れてしまうと、当然、相手より技が遅れてしまう。

❶の写真では、予備動作を入れたため、こちらの腕が伸びた状態では相手の突きが先に届いている。上の6と比較すると分かりやすい。❷の写真は、こちらが突いた瞬間だが、相手はすでに突き終わっている。上の7と比較すると分かりやすい。

❶

❷

1 試合中、何度も中段を攻撃して、相手に中段を意識させておく。

2 低い体勢で攻め、相手の重心を浮かすような動きを入れておく。

3 前足を踏み込み始める。この状態のときも体勢を低く保ち、突く直前まで中段だと思わせておく。

4 前足を踏み込んでもなお、体勢は低いままにしておく。

No.12
荒賀慎太郎流
突きの極意-1

中段突きを意識させ、低い位置から中段に行くと思わせ、上段の逆突きでポイントを取る

荒賀慎太郎氏は、階級の中では身長が低めだったため、試合中は中段突きを狙うことが多かった。中段を突くことが多くなれば、当然、相手は中段を警戒することになるので、その心理を利用して、中段突きの高さから上段に向かって突いていき、相手の意表を突いてポイントを取るというテクニックだ。

試合中、中段をより多く狙い、相手に中段を意識させるのはもちろんのこと、この技を出す直前も、**自分の体勢を低くして、相手にはいかにも中段を狙っていると見せかける**ことも重要だ。この状態から、**突きの軌道だけを水平ではなく上に向けていけば、相手の意表を突く**ことができる。

5 さらに踏み込みながら、相手の前拳の内側に刻み突きを入れる。

6 この段階でも、まだ逆突きの軌道は中段に向かっている。

7 突く直前に軌道を上に変えて、上段を狙う。

8 上段の正確な部位を突いて、ポイントを取る。

注目ポイント！

構えた位置から上ではなく、真っすぐから上に変化する

このテクニックの最大のポイントは、逆突きの拳の軌道の変化だ。相手が中段を意識し、また中段が来たと思わせることができてはじめて、相手の意表を突くことができるからだ。

そのためには、突き始めから拳が上段に向かっていくのではなく、なるべく突く直前まで中段に来ていると思わせておいて、途中から急に軌道が上に変化するのが、より望ましい。そこで、逆突きを前に出した状態から上に突いていく、というイメージを持っておくといい。

1 突くタイミングを見計らっておく。

2 前足と後ろ足の両方をお互い寄せ始める。

3 両足を寄せ合い、重心を低くして一気に踏み込む準備をする。

4 一度の踏み込みで間合いを詰め、前拳を伸ばしていく。

ワンツーを1、2ではなく1.5のタイミングで突き、相手のカウンターよりも先に突ききる

No.13
荒賀慎太郎流
突きの極意-2

教科書的な解説をすると、ワンツーで突こうとした場合、軸足を引き寄せてから前足を踏み込み、ワンで刻み突き、ツーで逆突を出す。つまり、ワンツーのタイミングで突くことになる。

しかし、踏み込むときに、前足と後ろ足のお互いを寄せて一度の踏み込みでより遠く打ち込めるようにすれば、時間的な短縮が可能だ。

重心を下に落とすように飛び込み、**前拳はできるだけ動かさず、ノーモーションで突き始め、逆突きも前拳を引きはじめるときには、すでに伸ばし始めていれば、ワンツーの1.5のタイミングでワンツーを突ききってしまうことが可能**だ。相手が万が一返しを狙っていても1.5のタイミングでワンツーのツーが相手に届く。

5 前拳で上段を突くが、このときすでに逆突きも前に出し始めている。

6 前拳を引き戻しながら、逆突きをさらに伸ばしていく。

7 1.5のタイミングで逆突きで相手の上段を突く。

8 集中力を切らさずに、次の動作に移る。

注目ポイント!

相手と同様に予備動作を入れると遅れる

　この技に限ったことではないが、連打での速度を上げるには、手首のスナップを効かせることが大切だ。

　さらに少し遠目から踏み切ることにより、相手のカウンターを誘発することもできる。

　また、は、打ち込む前に足払いやフェイントを入れることにより、さらにタイミングをずらして攻撃に転ずることも可能なので覚えておこう。これも1.5のタイミングや手首のスナップを利用することにより相手の体感速度をあげ、速い攻撃であると思わせることができる。

1 軸足に重心を乗せて、いつでも動けるようにしておく。

2 前足（ここでは右足）を踏み込んで逆突きで中段を突きに行く。

3 中段の逆突きを抜いて、相手がカウンターで上段を突いてくる。

4 相手のカウンターの上段に合わせ、前足を外に移動させながら踏み込んでいく。

中段の逆突きで相手の上段突きを誘発させ、そのカウンターを抜いて逆突きで中段を突く

No.14
荒賀慎太郎流
突きの極意-3

こちらの中段突きに対し、相手がカウンターで上段を突こうとしている場合、相手はこちらの中段を抜いて上段を突いてくる。この相手の『抜いて上段を突く』動きを逆に利用し、カウンターを出させておいて、そのカウンターを抜いて中段を突く技だ。

最初の中段逆突きでは、相手にカウンターを出させるため、あえて中に踏み込んで逆突きで突く。この動きで、**相手に上段突きを出させて、その動きに合わせて前足を外側に踏み込んで相手の突きを抜きながら中段を突けばいい**。踏み込みが中途半端になると、中段突きが届かないのはもちろん、相手の上段突きも抜けず、カウンターを受けてしまうので注意しておこう。

5 前足を相手の外側に着地させてカンターの上段を抜きながら、中段を突きにいく。

6 しっかりと中段を突いてポイントを取る。

7 残身を取って審判にアピールする。

8 相手の外側に出て、反撃されるリスクを軽減させる。

注目ポイント!

前に踏み込んで外に出なくては、上段は抜けない

カウンターの上段突きを抜くには、相手の突き（拳）が頭の横を通過するような状態にならないといけない。そのためには、しっかりと踏み込むことが重要だ。中途半端に踏み込んだり、突きを避けるために顎が上がったりしてしまうと、抜いていることにならず、逆にポイントを取られてしまう。

また、前足は必ず外側に踏み込もう。外側に踏み込むことで、相手の拳が届く距離であっても、しっかり抜く（頭の横を通過させる）ことができる。

1 軸足に重心を乗せて、いつでも動けるようにしておく。

2 相手のフェイントに対して、ダンキングする準備を始める。

3 フェイントに合わせてダンキングで攻撃をかわし始める。

4 前拳を前に残したまま上体を沈み込ませる。

相手のフェイントに合わせてダンキングし、突いてこないと思わせておいてから意表を突いて刻み突きでポイントを取る

No.15
荒賀慎太郎流 突きの極意-4

荒賀慎太郎氏は、元々、相手の攻撃に対し、ダンキングする癖のようなものがあったという。その癖を逆手に取りポイントを奪うテクニックに結び付けたのが、この上段の刻み突きだ。

通常、こちらの攻撃に対してダンキングする場合は、その体勢から攻めてくるとは考えにくいもの。つまり相手からすれば、**ダンキングしているので攻撃されることはないと思っているわけで、その一瞬の隙を突いて刻み突きで上段を狙う、**ということだ。

このとき大切なのは、**ダンキングしたときに前の拳を下げてしまわない**こと。下げてしまうと、拳が遠回りすることになるので、一瞬の隙を突ける可能性が低くなってしまう。

5 ダンキングで完全に上体を沈み込ませても、前拳は前に残したままにしておく。

6 相手のフェイントの引き戻しに合わせて、低い体勢のまま突き始める。

7 下から上段に向かって真っすぐに刻み突きを伸ばしていく。

8 正確に上段を突いてポイントを取る。

注目ポイント！

前拳は必ず残しておくのが鉄則

この技術では、ダンキングのときに前拳を残しておくのが大前提だ。ダンキングと同時に腕を下げてしまうと、突くまでに拳が余計な軌道を通るため、時間がかかってしまうので、これでは一瞬の隙を突くことはできない。

　また、ダンキングしたとき、後ろ足を引き付けて前に踏み込む準備が完了している状態にしておくことも重要だ。つまり『ダンキング』→『後ろ足の引き付け』→『前へ踏み込みながら突く』という順を踏むのではなく、『ダンキング＋後ろ足の引き付け』→『前へ踏み込みながら突く』と手順をひとつ省略し、ダンキング後は1（つの動作）で突く、というイメージだ。

1 相手と対峙する。この状態では重心が低くないため、相手は中段に意識を集中させることはない。

2 重心を落として、相手に中段を意識させる。同時に、フェイントを入れるなどして、相手の重心を浮かせる。

3 重心を低く保ったまま入っていく準備をする。

4 相手に前拳で突かれないよう、自分の前拳で相手の前拳をカバーしながら入っていく。

重心を落として相手に中段を意識させ、中段のように入りながら直前で上段を突く

No.16
荒賀慎太郎流
突きの極意-5

相手が重心を落としてステップを刻んでいたとしたら、ほとんどの人は、中段を狙われていると思うのではないだろうか。そう思っているところで、入ってくるようなフェイントを入れられると、瞬間的に重心が浮くはずだ。

ここで紹介するのは、相手のそのような心理と動きを利用して、中段を突きに行くと見せかけ、突く瞬間に上段に変化する、というテクニックだ。中段に見せるためには、重心を落としたまま入り、突く直前まで中段を狙っているように見せることが重要だ。そして**手が届く直前まで中段と思わせておいて、最後の最後に変化して、下から上に突く**ようなイメージを持っておこう。

5 重心を低く保ったまま、さらに入っていく。

6 最後の最後で下から上に突くようなイメージで、上段を狙う。

7 上段の逆突きで相手を突く。

8 突き終わっても集中力を切らさず、次の準備をする。

注目ポイント！

中段を突いた後なら、さらに効果が増す

この技は、重心を低くして相手に中段を意識させているが、この技を出す前に中段でポイントを取っていたり、ポイントが取れなかったとしても、遠くからの突きで相手に返された後などであれば、当然ながら、さらに効果が増す。

また、逆突きだが、前拳を疎かにしないよう注意しておこう。相手に先に突かれないよう、写真のように前拳で相手の前拳を封じておくことが重要だ。相手に中段を意識させることができたところで、先に突かれてしまっては、まったく意味をなさない。

技術を身につけるための荒賀道場の教え-1

◆少しの勇気を持ち、夢にむかって頑張りましょう。

◆常日頃から、よく見る、よく聞く、よく考える。
どんな相手にも弱点があり、
よく見ておくことが重要です。
また、常に聞く耳を持てば
自分の技術向上に役立つことが発見できます。

◆自分の苦手な選手の試合を見ましょう。
必ず苦戦する場面があります。
自分なりに解析して、決して真似はせず、
できるように工夫して自分流に対策を考えましょう。

第二章

蹴り

荒賀道場では、試合で蹴りを多用しないよう教えているが、それでも当然、必要な場合もある。そこでこの章では、荒賀道場が教える数少ない蹴りのテクニックを余すとこなく紹介、解説していく。

流れ

軸足のつま先で回転し、体の回転を利用すれば、距離も出て強い蹴りになるため、ポイントになりやすく反撃もされにくい

No.17-01
蹴りの基本

ここでは蹴りの基本を解説しておこう。基本といっても、教科書的な本当の基本的な蹴り方ではなく、実戦に即した基本的な蹴り方ということだ。

まずは構えた状態から**軸足を踏み込んだとき、軸足のつま先が正面、つまり前を向く**ことが重要だ。蹴り足は膝をまっすぐ前に引き上げることで、相手に初動が悟られにくくなる。また、形などでおこなう蹴りは、まず太もも（膝）を上げてから膝下を振るイメージだが、組手の試合でこの蹴り方をしていると、蹴りそのものが遅くなるため、実戦的とは言い難い。同時に、**蹴る際、かかとを前に出すことを覚えておくと、さまざまなシーンで応用が利く**ので、ぜひ覚えておこう。

Point 1 踏み込んだときつま先を前に向けておく

軸足を踏み込むときは、つま先が前を向くようにする。蹴り足は膝を真っすぐに引き上げることで、相手に足の動きを見難くさせることができるので、初動が悟られにくい。

蹴り足を真っすぐに振り上げ、遠回りせず最短距離の移動を意識して中段を蹴る。

Point 2 基本の蹴りは× 膝を曲げずに蹴る

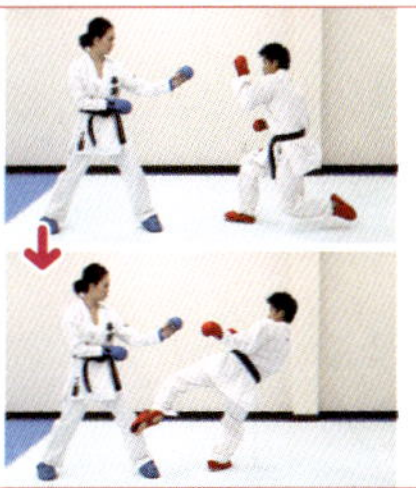

基本の蹴り方は、先に太ももが上がり、その後、膝から下を振り抜くが、この蹴り方では、蹴りそのものは遅くなる。

試合では、なるべく膝を曲げずに足全体を一気に動かして蹴るイメージを持っておこう。蹴る前に前屈みになると蹴り足を出しやすくなる。

Point 3 つま先を軸に体を回転させる

蹴るときは、軸足のかかとを前に出すと、その分、距離が取れると同時に、体の回転を利用した強い蹴りになる。かかとを前に出すとは、つま先を軸にして回転するということ。

この蹴り方はさまざまなシーンで応用できるので、ぜひ覚えておこう。

指南 プラス+1

足を持たれたら、引かずに押して攻める

試合で蹴りを出したとき、相手に足を持たれてしまうこともある。このとき、慌てて引こうとすると、逆に相手に間を詰められて、不利な体勢のまま攻撃を受けることになる。

そこで、足を持たれた場合は、引くのではなく逆に押すことを考えよう。体全体を使って相手を押してしまえば、逆に突ける可能性も出てくる。

1 中段蹴りは寸止めの必要はないので、相手の推進力を止めるつもりで蹴りに行く。

2 蹴る直前までは、蹴り足を引く蹴り方と押し込む蹴り方で違いはない。

No.17-02 中段蹴りの基本

中段の前蹴りは、体重を乗せて押し込むような重い蹴りにして、相手の推進力も止める

中段の前蹴りは、たとえば形であれば、蹴ったあと、必ず足を引いているはずだ。組手の練習であっても、同様に蹴ったあと、足を引いている人は多いはず。

しかし、実際の試合では、この教科書的な『蹴ったあと引く』蹴り方だと、力強い蹴りにならず、むしろ軽い蹴りになってしまうため、相手の脅威とならなくなる。これでは相手に反撃されかねないし、蹴っている意味そのものも半減してしまう。

そこで、組手の試合で中段の前蹴りを出すときは、**蹴ったあと引くのではなく、体重を乗せて押し込むイメージを持っておこう**。この蹴り方であれば、相手が前に出てこようとする推進力を止めることもでき、また、相手にとって脅威を与えることにもつながる。引くことを体で覚えてしまっている人は、特に意識して練習から身につけるよう心得ておこう。

4 相手の推進力を止めることができるので、相手が前に出ようとするのを瞬間的に止めることができる。

3 インパクトの瞬間、腰を切って相手の体に体重を乗せて押し込むような、強くて重い蹴りにする。

注目ポイント！

蹴ったあとに足を引く場合と押し込む場合の違い

写真を見比べてほしい。左の写真は、蹴ったあと足を引く蹴り方。右は押し込むイメージの蹴り方だ。中段を蹴ったとき、さらに腰を切るように押し込むことで重い蹴りになる。

この写真を見比べて分かる通り、組手の試合で蹴り足を引いてしまうと、ポイントにならなかったとき、不利な体勢のまま相手に間を詰められてしまう。逆に、しっかり押せておけば、相手を止めることができるため、そのあと足を引いたとしても、相手の出足を一瞬遅らせることができるので、体勢を整えられる。

このように、組手の試合では教科書的な基本が必ずしも勝利に結びつくわけではないと覚えておこう。また、蹴るときは蹴り足のつま先を槍のように突き刺すイメージを持っておくことが重要だ。

1 相手に対して完全に横を向いてしまい、フットワークやフェイントを入れながらタイミングを見計らう。

2 間合いやタイミングを見計らい、相手の動きに合わせて上段蹴りで攻撃する。

蹴る前からつま先を横に向け、フットワークやフェイントで体勢を調整し、相手の動きに合わせて攻撃する

No.18 上段蹴り

蹴りの基本（P46）で、蹴りの基本は、軸足を踏み込んだとき、軸足が前に向くことだと解説した。矛盾するようだが、**上段蹴りを狙っている場合は、蹴る前から両足のつま先を横に向けておくと、素早く蹴りに移行できる**。前が基本であれば、こちら（横）は応用だ。

上段を蹴る場合、軸足を横に向けることになるため、その準備を蹴る前からしておく、という意味なのだが、単に横に向けるだけでは体も横を向いてしまうため、蹴りを出すまでの間、不十分な体勢になってしまう。そこで、フットワークやフェイントを織り交ぜながら体勢を調整しつつ、タイミングを見計らうことが重要となる。

体を横に向けることで、不十分な体勢になってしまうが、逆の言い方をすれば、相手からすれば何をしてくるか分からない、と思わせることにもつながり、そこに迷いを生じさせられる可能性もある。

3 体が横を向いているため、そのまま足を上げていけるので、通常よりも素早く上段を蹴ることができる。

4 蹴り足は真っすぐに振り上げ、遠回りしないように注意しておく。最初から体が横を向いているので、予備動作なしに上段を蹴ることができる。

注目ポイント！

横を向いたときに出せる技のレパートリーを増やしておく

ここで解説したように、事前につま先を横に向けて身体の向きも横にしてしまうと、上段の蹴りに素早く移行できる反面、自分の体勢が不十分になるというデメリットもあることは確かだ。

また、横を向いたときに上段の蹴りワンパターンになってしまうと、それはそれで相手に見切られる可能性もある。

そこで、横を向いたときに出せる技のレパートリーを増やしておくことを考えたい。ここで横を向いたときに出せる技を紹介しておくので、1つでも多く自分の技にできるようにしておこう。

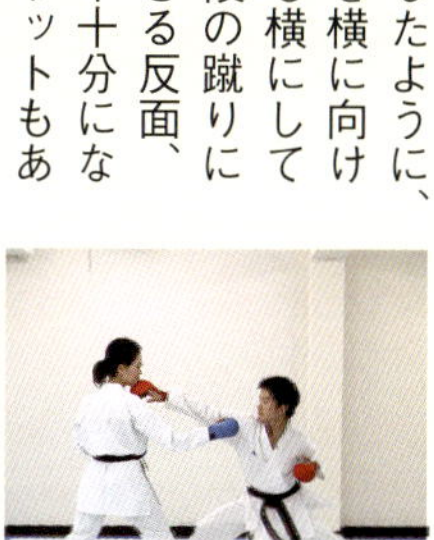

上段刻み突き

足払いからの攻撃

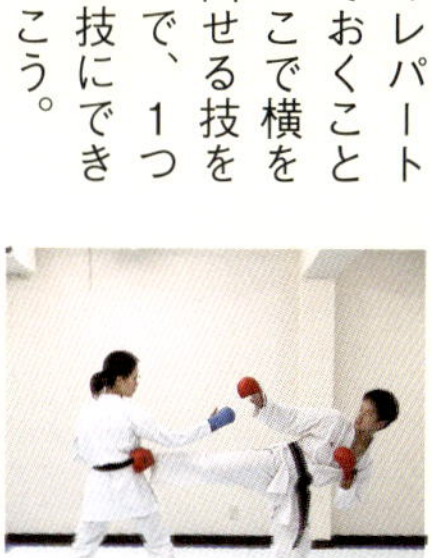

横蹴り

流れ

カウンターの上段裏回し蹴りは、わざと下がって相手を引き込み、蹴り足で巻き込むとアピールとなりポイントになりやすい

No.19
上段蹴り

上段の裏回し蹴りを狙う場合は、わざと自分から下がって相手を引き込むと、技に移行しやすくなる。**バックスウェーで引き込んでおいて、相手が出てきた瞬間を狙ってカウンターで上段の裏回し蹴りを狙おう。**

上段を裏回しで蹴るときは、**蹴り足は真っすぐに上げて最短距離を通すよう心がけておく。**回し蹴りだからと言って、足を回してしまうのは正しい回し蹴りではなく、足そのものも遠回りしてしまうため、決していい蹴り方とは言えないので覚えておこう。

また、蹴る際は最近の傾向として、**蹴り足の足裏で相手を巻き込む**と、審判に対して技が入っているというアピールとなり、ポイントになりやすい。

Point 1 バックスウェーで相手を引き込む

カウンターで上段の裏回し蹴りを狙うのであれば、バックスウェーで相手を引き込むといい。

後ろ足を引いてバックスウェーに入る瞬間、半身になって臀部を相手に向け、上段を蹴る準備をしておこう。準備をしておけば、素早く蹴りに移行できる。

Point 2 回し蹴りでも回して蹴らない

Point1で相手を引き込み、相手が出てきた瞬間を狙い、カウンターで裏回し蹴りを狙う。

このときは、回し蹴りといっても、蹴り足である前足は真っすぐに上げて蹴ることを心がけておこう。真っすぐに上げることで、足を最短距離で移動できる。

Point 3 蹴り足で相手の頭部を巻き込む

裏回し蹴りを出すときは、単に蹴るのではなく、足裏で相手の頭部を巻き込むようにするといい。

最近の試合の傾向として、このように巻き込むことで審判に対して技が入っているというアピールとなり、ポイントになりやすい、という理由があるからだ。

指南 プラス+1

できるだけ速い動作で蹴る

ここでのカウンターの上段回し蹴りに限ったことではないが、蹴りは突きよりも遅くなるということを忘れてはいけない。そのため、ここで解説したようなカウンターを狙う際は特に、できるだけ速い動作で蹴るよう心がけておこう。

横を向くのは、より素早く蹴りに移行できるようにするためだ。

1 横を向いて上段を蹴る準備を始める。

2 後ろ足を引き付けて上段蹴りに移行する。

3 相手に裏回し蹴りを警戒させるため、臀部を見せるように体を捻りながら前足を上げていく。

4 相手に背中を見せたまま、上段の裏回し蹴りの軌道でさらに足を上げていく。

No.20
荒賀龍太郎流
蹴りの極意-1

後ろ回し蹴りの軌道から変化させて上段を蹴る

本書では、上段を蹴る際には横を向くと蹴りやすいと解説している。この横を向いた状態で、さらに腰を捻り相手に臀部を見せるようにすると、相手は裏回し蹴りを警戒することになる。

この心理を利用して、**裏回し蹴りの蹴り方と軌道で足を上げていき、途中から表への蹴りに軌道を変えれば、上段蹴り**が決まる可能性を高めることができる。

相手が裏回し蹴りを警戒して前拳を外側に開いたり、腕を上げて防御しようとしてくれれば、より蹴りやすくなるが、もし腕を動かさなかったとしても、腕の下から表の上段を蹴ればいい。

蹴る際は、上半身は後方に倒して、蹴りやすくするとともに、反撃されるリスクを減らしておこう。

5 足を膝の高さくらいまで上げた段階で、足の軌道を表に変え始める。

6 表への上段蹴りの軌道にして、さらに真っすぐ足を上げていく。

7 上半身をしっかり後ろに倒した状態で表の上段蹴りを狙う。

8 蹴る位置の10cm程度手前を蹴るイメージで上段を蹴る。

注目ポイント！

軌道を変える意識を強く持っておく

表の上段蹴りなら、蹴る前に横を向けば蹴りやすいが、裏を狙うとなると、相手に臀部を見せるくらいしっかりと上半身を捻った方がいい。この状態から、本当に裏を狙うつもりで足を上げていき、膝の高さくらいまで足を上げたら急に方向転換するようなイメージで軌道を変えよう。

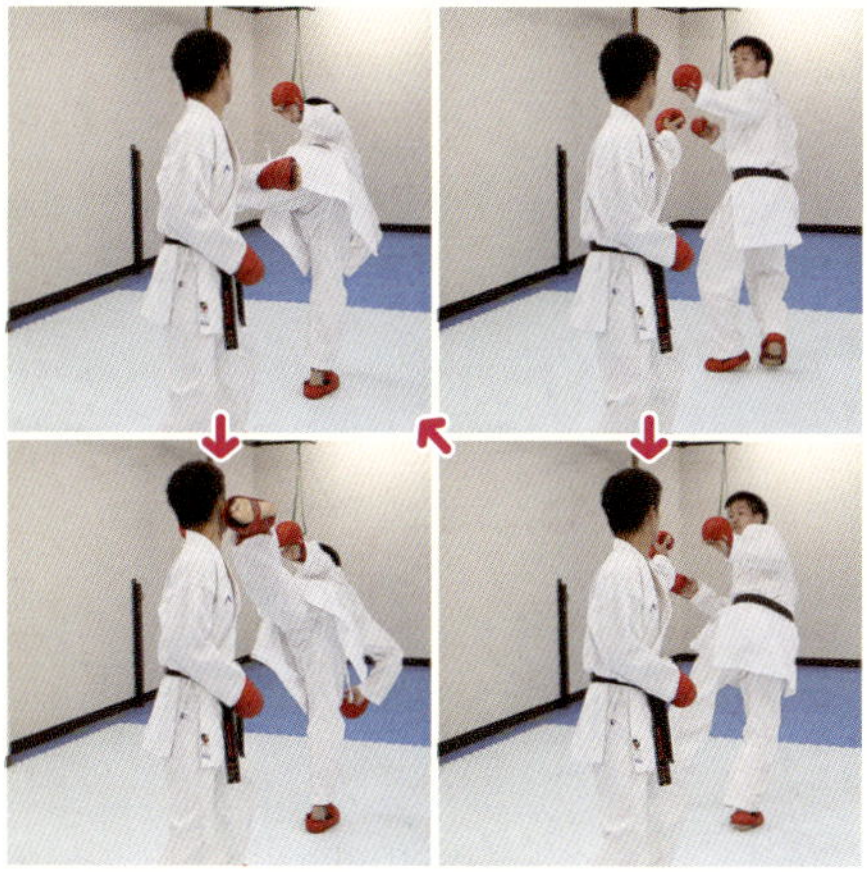

1 軸足に重心を乗せて、いつでも動けるようにしておく。

2 前足を浮かし始め、蹴りの動作に移行し始める。

3 後ろ足に重心を乗せ、さらに蹴り足を上げていく。

4 蹴り足を上げながら、重心を乗せた軸足で床を蹴るように軸足を前に送り始める。

No.21
荒賀慎太郎流
蹴りの極意-1

軸足の引き付けと蹴る動作の初動を同時に行い、より素早い蹴りでポイントを取る

ここでは、荒賀慎太郎氏が得意としている、というよりは、荒賀道場の教えである蹴りの極意を解説していく。

蹴りそのものというよりも、大きく違うのは初動の部分だ。通常、蹴りというのは後ろ足を引き付けてから蹴り足を上げていくという流れになる。しかし、荒賀道場では、**後ろ足の引き付けと蹴り足を上げていく動作を同時に行う**、と指導している。引き付けと蹴りを同時に行うことで、通常よりも速く蹴りに移行できるというのが最大のメリットになるが、訓練を重ねて『後ろ足を引き付けて』→『前足を押し出す』という二つの動作を同時にできるようになって初めて、成立する蹴り方だ。

5 床を蹴った軸足を前に移動させながら、蹴り足をさらに上げていく。

6 軸足を着地させ、上段を蹴りに行く。

7 体を後方に倒しながら、上段を蹴る。

8 蹴り終わりも集中力を切らさず、次の動きに備える。

注目ポイント！

前足を上げながら軸足で床を蹴る

この下半身の動きを、もう一度解説しておく。まずは重心を軸足に乗せておく❶。次に前足を上げながら重心を乗せた軸足で床を蹴るようにして体を前に押し出していく❷。さらに蹴り足を上げながら床を蹴った軸足を前に移動させる❸。

この一連の動きが、肉眼では同時に行われているように見えるほど素早く動けるようにことが重要だ。軸足の引き付けと蹴りの動作を同時に行うことで、それまで『引き付ける』行為に費やしていた時間を省くことができ、より速い蹴りが実現する。

1 軸足に重心を乗せて横を向き、上段を蹴る準備をする。

2 軸足で床を蹴り始め、前に踏み込む準備をする。

3 前足と後ろ足を同時に前に送り、瞬時に蹴りの体勢に入る。

4 軸足のつま先を中心に体を回転させながら蹴り足を上げていく。

No.22
荒賀慎太郎流
蹴りの極意-2

上段蹴りに反応させ、防御のため上げた両腕の間から上段を蹴る

上段蹴りに対する防御は、両腕を上げて頭部の左右を守ろうとするものだ。また、腕が頭部と近すぎると、場合によっては防御できていると思っていてもポイントを取られることもあるため、なるべく前腕を左右に開いて頭部から離す。

この防御をされてしまうと、表であっても裏であっても上段蹴りでポイントを取るのは難しい。

そこで、相手の防御が固いと判断したときは、無理に防御の上から蹴りを狙おうとするのではなく、**左右に開いている前腕の間に足を通すように蹴る**といい。もちろん、間を通すことができる蹴りのコントロールを身につけていることが大前提だ。

5 上体を後方に倒して、より蹴りやすく、かつ反撃されにくい体勢を作る。

6 さらに蹴り足を上げていき、左右の前腕の間を狙う。

7 蹴り足を伸ばして、左右の前腕の間から上段を蹴る。

8 蹴り終わったら瞬時に体勢を戻し、相手の反撃に備える。

注目ポイント！

無理に防御の上を蹴ってもポイントにならない

ここで紹介したテクニックは、テクニックそのものというよりも、どちらかと言うと考え方、発想の転換と言えるかもしれない。

基本的に上段を蹴るときは表であっても裏であっても、相手の側頭部、あるいは後頭部を狙っているはずで、だからこそ、上段蹴りに対する防御をされてしまうと、なかなかポイントが奪えない（上写真）。それであれば空いている場所を蹴ればいい、ということだ（下写真）。

試合で相手の上段に対する防御の仕方なども観察しておこう。

技術を身につけるための荒賀道場の教え-2

◆同じ身長であっても、手足の長さが違うので、
常に自分の攻撃の間で勝負しよう。
自分から攻撃を仕掛けない場合は、
相手の攻撃を待たず（待ちの態勢にならない）、
積極的にフットワーク・ステップで前後左右に動き、自ら間を切っていこう。
攻撃の集中力が増してきた場合は、自分の間合いでしかけて勝負しよう。

◆相手が突き・蹴りで攻撃する場合は、目、肩、足、顔など、何処かが動きます。
そのときが攻撃を仕掛けるチャンスです。
そのためには、相手の目を見ていても、全体像を監視しておきましょう。
しかし、恐怖心が先に立つと目が真っ先に逃げて、
自分では見ているつもりでも、
一瞬違うところを見ているなど、
その動きを見逃してしまいます。
それでは対策が打てず、対策練習もできません。
素早く動くものを目でしっかり捉える練習を、
日常生活に取り入れておきましょう。

第三章

連続技

実際の試合では、単発の突きや蹴りでポイントを取るのはもちろん、技を連続して出すことでポイントを取る場面も多い。この章では、技と技をつないだ連続技でポイントを取るテクニックを解説する。

本当に突いていると思わせられれば、相手がカウンターを合わせにくるところでカウンターを合わせられる

No.23
突きと突き

こちらが先に上段を突いたとき、相手がカウンターを合わせてくるような場合がある。この相手のカウンターをあえて出させ、突きを受けて逆に突きでポイントを取る技術を解説する。

こちらの最初の突きは、結果的にはフェイントになるわけだが、相手にフェイントと思われるようでは、カウンターを狙ってこさせるのは難しい。そこで、**当たりそうで当たらない絶妙な距離で突き、本当に突いてきていると思わせる**必要がある。一度や二度で誘われなかったとしても、何度も誘ってカウンターを打たせることが重要だ。相手が突いてきたら、それを受けて突けば、突きと突きの連続技でポイントが取れる。

Point 1 相手に本当に突きにきていると思わせる

遠目の距離といっても、遠すぎては意味がない。当たらない間合いで突いたところで、相手にしてみれば、本当に突かれているようには捉えられないからだ。

そこで、本当に突いているように思わせるため、絶妙な距離感で突くことが重要だ。

Point 2 何度も突いて粘り強く攻める

本当に突いていると思わせる距離で突くと解説したが、これはその突きに合わせて相手にカウンターで突かせるため。

一度や二度誘って、なかなか誘いに乗らないようでも、諦めずに何度もしつこく突いて、カウンターで突いてこさせる粘り強さも重要だ。

Point 3 安全な間合いで相手のカウンターを受ける

相手がカウンターで突いてきたら、それを受けて突こう。このときは相手をバックスウェーで引き込み間合いを作ろう。

ただし、距離感を間違えると本当に突かれてポイントを取られる危険性があるので、当てられない距離感を理解しておく必要がある。

指南 プラス+1

相手の癖や隙などが見えたときもチャンスとなる

ここで解説したのは、当たりそうで当たらない絶妙な距離で突いて相手を誘い、カウンターで突かせておいて逆に突いてポイントを取るテクニックだ。しかし、ポイントを取るだけではなく、何度も突いていくうちに、相手の癖や隙なども見えてくるものだ。その隙が見えれば、あえて相手が出てくるのを待たずとも、その隙を突いてポイントを取ることも可能なはず。

このように、ひとつのことだけでなく、さまざまな可能性を考えながら試合を進めることも重要だ。

流れ

上段刻み突きと見せかけて、上段の逆突きを出す1人時間差攻撃でポイントを取る

No.24
突きと突き

こちらの突きに対して、体に力が入り、相手が瞬間的に身構えてしまう状態というのがある。その瞬間の状態を利用して、最初に突いた方の腕と反対の腕で突けば、相手は反応できず（あるいは反応が遅れて）ポイントを取ることができる。バレーボールなどでいう、1人時間差攻撃のような状態と言えるだろう。

最初の一打目は刻み突きでも逆突きでもどちらでも構わない。結果的にフェイントになるが、**本当に突くつもりで、しっかり腕を伸ばすことが、相手を身構えさせる**ためには重要だ。**その瞬間を逃さず、即座に逆の腕で突けばいい**。技術的な難しさよりも、間合いやタイミングを知ることが重要となるテクニックだ。

Point 1

一打目をしっかり腕を伸ばして突く

最初の一打目は、逆突きでも刻み突きでも構わない。結果的にフェイントになるわけだが、これがミエミエのフェイントになっては意味がない。本当に突いてきているように思わせるため、しっかり腕を伸ばして、相手を瞬間的に固まらせることが重要だ。

Point 2

相手が怯んで固まった瞬間を逃さず二打目で突く

一打目で相手が瞬間的に怯んで固まったら、その瞬間を逃さず、即座に二打目の突きを出そう。

一打目が刻み突きなら逆突きを、一打目が逆突きなら刻み突きだ。二打目が1人時間差のように少しだけ遅れて突かれるため、反応できなくなる。

Point 3

相手が怯み固まる間合いやタイミングを知る

この技でポイントを取ろうと思ったら、むしろ技術的なことよりも、相手が怯み固まらせることができる間合いやタイミングを知る必要がある。

失敗を恐れずに何度もチャレンジしてみて、その感覚をつかんでいくことが大切だ。

指南 プラス+1

一打目を中途半端に入ると反撃される可能性が高い

ここで解説したテクニックで攻撃しようと思ったとき、入っていくのが怖いと思ってしまい、中途半端になってしまうと、相手に反撃される危険性が高くなる。

時間差による二打目はもちろんだが、特に一打目の入りのとき、その突きで本当にポイントを取りに行くつもりで攻めよう。

流れ

下がる相手には、両手を前に出して連続で突き続け、カウンターを封じ込めながらポイントを奪う

No.25
突きと突き

下がる相手に対し、**両拳を前に出しておき、拳そのものが移動する距離を短くした状態から、ボクシングでいうワンツーのようなイメージで、連続して突き続ける**という技だ。両拳を前に出す目安としては、肘が体の前に出るような位置と覚えておこう。拳を前に出して移動距離そのものも短くしつつ、突きそのものの速さも意識しよう。

下がる相手であれば、防戦一方になり、さらに下げさせることができる。仮に突きでポイントが取れなくても、相手を場外際に追い込むこともできるし、その結果として、C2の反則などを誘発することにもつながる。なによりも、突き続けることで相手のカウンターを封じることになる。

Point 1 相手のタイプを見極め、下がる相手に用いる

この技は下がるタイプの相手に効果を発揮するため、まずは相手がどのタイプなのかを知ろう。

もちろん、対戦経験があり、下がるタイプと知っているのであれば必要ないが、対戦経験がない場合は、序盤は相手のタイプを見定めることが重要だ。

Point 2 両拳を前に出して、移動距離を短くする

この技で突こうと思ったら、通常の構えよりも両方の拳をやや前に出そう。前に出すことで拳そのものの移動距離を短くすることができる。

移動距離を短くした状態で、左右両方の突きを連続で出し、相手に反撃する隙を与えないようにする。

Point 3 場外際まで追い込んでC2の反則を誘発させる

連続の突きでポイントが取れればいいが、もしポイントにつながらなかったとしても、気にすることはない。

そのまま突き続けて相手を下げさせ、場外際に追い込んでしまおう。相手はたまらずにC2の反則を犯す可能性が高くなる。

指南 プラス+1

連続した攻撃が、さまざまな効果を生む

この連続技は、下がる相手に対して有効であることは忘れないでほしい。そして、左右の拳で連続して突き続けるが、ボクシングでいうワンツーで終わらず、シックスセブンと、連続して突き続けると、より効果的だ。これは必ずしもポイントを取るだけではなく、相手のカウンターを封じる効果も生む。さらに、連続して突き続けることで、相手はさらに下がることになるからだ。

結果、場外の反則を誘発したり、これ以上下がれないと思ったとき、掴みなどの反則を誘発する可能性もある。

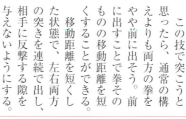

上段を突きながら素早くダンキングを行い、突いた腕を戻さずに上中段を蹴る

No.26
突きと蹴り

上段を突いたとき、基本的には腕を引くが、突いた腕を引かず残しておくと、瞬間的に相手が間を詰めにくい状況が生まれる。上体を倒すように上段を突き、腕を残したまま前足を踏み込んでダンキングしながら間合いを詰め、その状態から上段または中段を蹴る連続技が出せれば、ポイントを取れる可能性が高くなる。

ポイントは、**上段を突いた腕を必ず残しておくこと。これで瞬間的に相手が間合いに入ってくるのを防ぐ**ことができる。そして、腕を残した状態のまま、**間髪入れずに状況に応じて上段を、あるいは中段を蹴ればいい。**ダンキングしながら間合いを詰めれば、相手が入ってこれないだけでなく、突きを当てられる可能性も低い。

Point 1
上段を突いたら、腕をそのまま残しておく

最初に上段を突くときは、ミエミエのフェイントにならないよう、本当にポイントを取りに行くよう、しっかり腕を伸ばして突こう。

そして、突き終わっても引かず、腕を伸ばしたまま、その位置を保ったまま残しておくことが重要だ。

Point 2
ダンキングしながら前足を踏み込んで間を詰める

突いた腕を残したら、即座に前足を踏み込もう。この際、ダンキングしながら踏み込むことを忘れずに。

腕を伸ばしていれば瞬間的に相手が入ってくるのを防げるだけでなく、ダンキングの効果と相まって、反撃される危険性も低くできる。

Point 3
腕を残したまま上段または中段を蹴る

前足を踏み込んだら、突いた腕は残したまま、間髪入れずに蹴ろう。上段か中段になるが、どちらを蹴るかは、そのときの状態を瞬時に判断して決めればいい。

腕を引いて戻してしまうと、相手に詰められる可能性が高くなるので、必ず前に残したまま蹴ろう。

指南 プラス+1
最初の上段突きがスキンタッチならなおいい

最初に突いたあと、蹴りに行こうとしたとき、ダンキングしているため突かれる可能性は低いが、蹴ってくることが考えられる。相手の蹴りを想定しておき、仮に蹴ってきた場合は、残してある方の腕（上段を突いた腕でない方の腕）で蹴りを受け、カバーしよう。

しかし、できることなら相手に蹴りを出させたくないところ。そのためには、最初の上段突きのとき、スキンタッチになるよう心がけておくといい。スキンタッチしておけば、瞬時には動けなくなり、反撃を防げる。

流れ

中段突きと見せかけて素早く体を引き戻し、相手の上段カウンターに合わせて蹴る

No.27
突きと蹴り

相手がカウンターを狙っているなら、それに合わせて蹴りでポイントを奪おう。

このとき、中段を突いて相手のカウンターを誘うが、**しっかり突くのはもちろんのこと、通常よりも速く腕だけでなく体全体を引き戻す**ことが、この技のポイントだ。そのため、突いたあと、腕を引くというよりは腰を切って腰から引くようなイメージを持っておこう。

素早く腕を引いたら、瞬時に蹴りの体勢を作る。そのときの状況にもよるが、上段蹴りであれば体を真横に向け、上段の裏回し蹴りであれば、軸足となる後ろ足を後ろ向きにし、前足を外に開いておくといい。そして相手のカウンターに合わせて上段を蹴れば、ポイントを取れる可能性が高い。

Point 1
中段を突いて相手のカウンターを誘う

試合を進めていくうちに、相手がカウンターを狙っていると感じたら、カウンターを合わせてくるようエサをまく。

中段を突くと見せかけ、相手にはチャンスと思わせることが重要だ。このときは、しっかり腕を伸ばして、単なるフェイントにしない。

Point 2
中段を突くときの間合いに注意する

遠すぎると誘えない

近すぎると刻み突きでポイントを取られる

中段突きで相手にカウンターを打たせる際、間合いには注意を払っておこう。

間合いが遠すぎると、相手にカウンターを出させることはできない。間合いが近すぎると、相手はカウンターを狙っているため、本当に突かれてしまう危険性が高くなる。

Point 3
素早く腕を引き、瞬時に蹴る体勢を作る

突いた腕を素早く引き戻したら、瞬時に蹴る体勢を作ろう。上段蹴りを狙うのであれば、瞬時に体を真横に向ける。

上段裏回し蹴りを狙うなら、軸足のつま先を後ろ向きにして、前足も外に開いておくことで、スムーズに蹴ることができるようになる。

指南 プラス+1
ジャンプして腰を切り、体勢を戻す

この技のポイントは腰を切って体全体を引き戻すことだと解説したが、状況によっては腰を引きにくくなることもある。そんなときは、その場で軽くジャンプして腰を切り体勢を元に戻してしまおう。

No.28
蹴りと突き

ポイントを取りに行く蹴りを防御する相手の腕に当て、押し込むようにして反撃を封じてから蹴り足側の上段刻み突きでポイントを重ねる

こちらが中段を蹴った場合、普通に考えれば相手は腕で防御するはずだ。

せっかく**相手が腕で防御してくれるのであれば、引いてしまうような軽い蹴りではなく、当てたあと、さらに押し込むような蹴りにすれば、相手は瞬時には動けなくなり、反撃されるのを封じる**ことができる。

ただし、反撃を封じるといっても、瞬間的なことなので、そのわずかな隙を逃さず、**蹴った方の足、つまり相手に近い方の足側の刻み突きで上段**を狙えば、ポイントを重ねることができる。蹴りそのものが反則にならないよう、恥骨より上、帯より下を蹴るよう心がけておこう。もちろん、ポイントを取りに行くように蹴ることも重要だ。

Point 1 押し込むような重い蹴りで中段を蹴る

通常、中段を蹴る場合は、スピードを重視することもあり、瞬時に引き戻すが、これでは蹴り自体が軽くなってしまう。

そこで、相手の動きを封じる意味で、当てたあと、さらに押し込むような蹴りにしよう。中段蹴りであれば、しっかり蹴っても問題ない。

Point 2 蹴った足側で上段の刻み突きを狙う

相手の動きを封じる蹴りといっても、動きを封じられる時間はごく短く瞬間的なものだ。

そこで、その瞬間を逃さないためにも、蹴って着地させた前足側、つまり刻み突きで上段を狙おう。逆突きでは遠いため、突きそのものが遅くなってしまう。

Point 3 蹴る位置は恥骨より上、帯より下

中段を蹴る際、蹴る位置がずれると反則を取られる可能性があるので注意しておこう。

蹴る位置は、恥骨より上、帯より下の範囲となる。狙った位置を正しく蹴ることができるコントロールも身につけておかなければ、ポイントを取るのは難しい。

指南プラス+1 逆突きだと体が相手の正面を向くため危険

相手の防御する腕を押し込むように蹴るが、この蹴りは左右両方で行っておくと、より効果的だ。なお、前足側の腕で上段の刻み突きを出すが、逆突きにしてしまうと、体が相手の正面を向いてしまうので、逆に相手にポイントを取られかねない。

また、逆突きだと突きそのものも遅れるだけでなく、距離も短くなるので、刻み突きよりもポイントを取りにくくなってしまう、という悪循環に陥る。蹴りと連動させて突く場合は、相手に近い側の刻み突きで突くよう心がけておこう。

中段の前蹴りで相手の両腕を防御するために下げさせ、上段の刻み突きを狙う

No.29
蹴りと突き

中段の前蹴りで相手の両腕を防御のために下げさせれば、その隙を突いて上段突きが狙える。この場合、蹴ったあと、すぐに引くような蹴り方だと、軽い蹴りになってしまうため、**相手に両腕でしっかりと防御させるためには、つま先を槍のように見立て、刺すような重い押し蹴りにする**必要がある。仮にポイントが取れなくても、**相手が防御を下げた瞬間に、前足となっている側の腕で上段刻み突き**で突けば、ポイントが取れる。

なお、刻み突きで上段を突くが、突きではなく上段打ちでも構わない。上段打ちであれば抜けてしまう確率を低くすることができるため、よりポイントになりやすいという利点もある。

Point 1　中段の前蹴りは重い押し蹴りにする

まず相手の動きを封じる中段の前蹴りは、蹴った足を押し込むようなイメージで、重い押し蹴りにしなければいけない。

この蹴りが軽くなってしまうと、相手の動きを封じることが難しく、次に突こうと思っても、反撃される可能性が高くなってしまう。

Point 2　前足になっている側の腕で上段刻み突き

蹴りとの連続技で突く場合は、基本的に蹴り足側の腕で突く。つまり、蹴ったあと着地するため、そちら側の足が前にあるので、結果、刻み突きになる。

逆突きでは体が正面を向いてしまうため、反撃される危険性が高くなるという意味合いもある。

Point 3　突きではなく上段打ちも選択肢と考える

基本的には、このような状況で突くことが多いと思うが、刻み突きは直線の動きなので、抜ける可能性もある。そこで、上段打ちという選択肢も持っておこう。

上段打ちであれば抜ける可能性は低い。拳を引くように素早く戻すと、ポイントになりやすい。

指南 プラス+1

軽い蹴りでは相手の反撃を受ける危険性が高い

中段の前蹴りは、引くような軽い蹴りではスピードが出せたとしても、相手の動きを瞬間的に抑えることはできないため、反撃される危険性が高い。

連続技で攻めようと思ったら、必ず押し込むような重い蹴りを選ぼう。蹴ることで間合いが近づくため、より反撃を受けやすくなるからだ。

そういう意味では、重い蹴りであれば、仮にポイントが取れなかったとしても、相手の動きを瞬間的に封じて攻撃されるリスクを軽減できる防御であるとも言える。

流れ

中段を蹴ったあと、膝を下げずに膝の高さをキープしたまま引き足の速さを意識して上段の蹴りにつなげる

No.30
蹴りと蹴り

中段を蹴ったあと、すぐに足を戻すことが多いと思うが、**蹴ったあと足を戻さずに再度上段を蹴る連続技**も効果的だ。

ただし、この場合に大切になってくるのは、**最初の蹴りで上げた足の膝の高さを下げない**こと。これが下がってしまうと、次に上段を蹴ろうとする際、あらためて膝を上げなければならず、相手に上段に来ることを悟られてしまうからだ。

また、**中段を蹴ったあとの引き足を速くすることを意識しておく必要もある。引き足が速ければ、次の上段蹴りも速くすることできる**からだ。上段蹴りは裏回し蹴りも狙えるので、状況によって臨機応変に変えられるようにしておこう。

Point 1 最初の蹴りのあと、足を返さない

最初の中段蹴りのとき、蹴ったあとの返しは極力返さないよう注意しておこう。

足の振り幅を小さくし、返さないことで、素早く次の上段蹴りに移行できる。最初の蹴りでポイントを取ることに意識が奪われてしまうと、次の蹴りにつながらない。

Point 2 中段を蹴ったあと、膝を下げない

中段を蹴ったあと、引き足を速くするが、このとき、膝の高さを下げないように注意しておこう。

膝が下がってしまうと、上段を蹴る際、再度膝を上げなければならず、その動きで相手に上段に来ると悟られてしまう。必ず膝の高さはキープしておくこと。

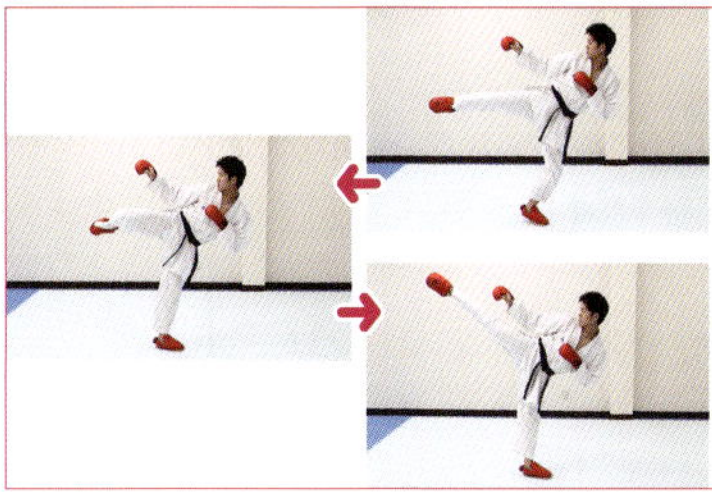

Point 3 最初の蹴りの反動を利用して蹴る

蹴ったあと足を返さないと解説したが、蹴れば反動として、どうしても足が返ってしまうので、その反動を次の上段の蹴りにつなげる意識を持っておこう。

足は引かないが、自然と引いてしまう反動を上への動きに利用する、ということだ。

指南 プラス+1 最初の蹴りの返しが大きくならないように

解説したように、最初の蹴りのあとの返しは、大きくならないように注意しておこう。

この返しが大きくなってしまうと、当然、次の蹴りを出すまでに時間がかかってしまうので、防御されたり、場合によっては反撃されたりする危険性が高くなる。上段を狙うのであれば、なおさら大きな返しは必要ない。

重心を下げて相手の足を払い、バランスを崩したところで上段の蹴りを狙う

No.31
蹴りと蹴り

たとえば接近戦になったときに、相手に組まれれば、足を掛けられるなどして投げられると意識することはあるかもしれない。しかし、ある程度の間がある状況では、あまり足元を意識する、ということはないのではないだろうか。

そこで、**意表を突いて足払いを掛ければ、相手は意識を下に向けざるを得なくなる**。足払いで上手く相手の足が払えれば、当然、相手はバランスを崩すことになるので、その瞬間を逃さず上段を蹴れば、ポイントが取れる可能性が高い。**足払いを掛けるときは、重心を低くすることを意識**しておこう。低くすることで足払いの効果も高くなり、足払いが失敗しても、次の動作にスムーズに移れる。

Point 1
意表を突いて足払いを掛ける

試合をしていると、よほど相手と接近しない限り、そう足元を気にすることはない。そこで、相手の意表を突き、間のある状態から足払いを仕掛けてみよう。

一回でバランスを崩せなかったとしても、相手はそれ以降、足元を警戒することになる。

Point 2
バランスを崩した瞬間を逃さず上段を蹴る

Point1で足払いを仕掛けたとき、相手がバランスを崩したら、その瞬間を逃さず、瞬時に上段蹴りを狙おう。ポイントを取れる可能性が高い。

バランスを崩すといっても、ほんの一瞬で、タイミングを逃せば、相手は体勢を立て直してしまう。

Point 3
足払いは重心を低くして掛ける

足払いを掛けるときは、重心を低くしておくことが重要だ。低くしておけば、足払いそのものの効果が高くなる。

逆に重心が高いと、指南で詳しく解説するが、足払いの効果が低くなるだけでなく、さまざまな弊害も生まれることになる。

指南 プラス+1
重心が高い状態での足払いの弊害

足払いを掛けるときは、体を回転させることになるが、ネジと同じで、人間は回転運動しようとすると、自然と重心が高くなってしまうもの。

この状態で足払いを掛けると、腰が浮いているため効果が低くなってしまう。それだけでなく、払う位置も高くなるため、効果が薄く、結果的に相手のバランスを崩すことができなくなる。

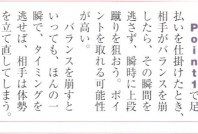

1 相手が出てくる瞬間、前足を相手の外側（背中側）に移動させる。

2 相手の突いてきた腕をつかみ、斜め前方にバランスを崩す。

片手で相手をつかみ、足を掛けながら自分の方に引き込んで投げ倒し、すかさず突く

No.32
投げと突き

相手が出てくる瞬間や、近い間合いで相手の重心が前にある場合など、その状況を利用して、片手で相手をつかみ、自分の方に引き込むように投げれば、突きでポイントを奪える可能性が高い。

柔道で言う大外刈のように**相手の足の裏側を刈るように投げれば、自分の前に倒れることになるため、より突きやすくなる**。倒れたときの状況によっては、突くよりも蹴る方がポイントになりやすい場合もあるので、どちらにするかは瞬時に判断しよう。ただし、倒れている相手への蹴りは、最近の傾向としてあまり推奨されていないことは付け加えておく。

また、同じ投げるでも、自分と離れた場所に倒れるような投げ方になってしまうと、相手には逃げる隙を与えることになり、せっかく倒しても突けない、ということになりかねないので注意しておこう。

3 相手の外側に着地させていた足で、裏側から相手の足を刈る。

4 こちら側に倒れてきた瞬間を逃さず、防御される前に突いてしまう。

注目ポイント！

相手が前に出るのを利用して投げる体勢を作る

接近しただけの状態から相手を投げるのは難しいが、相手が出てくる推進力を利用すれば、比較的簡単に投げられる。

瞬時に前足を相手の外側（背中側）に移動させ、背中で相手の攻撃を受けるイメージで腕をつかめば、バランスを崩させるのも、足を刈るのもスムーズに移行できる。

足を掛けたら足だけではなく、腕を持っている自分の上半身を被せ、上半身は押す、下半身は引く、という相反する動きをすることで、相手を倒すことができる。

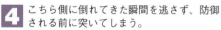

流れ

振り打ちで相手の首を巻き込み、足を掛けて引き込めば、より自分の近くに投げ倒せて、突きが容易になる

No.33
投げと突き

前項に引き続き、ここでも投げからの突き（状況によって蹴り）の連続技を解説していく。投げて倒したあとの突きや蹴りに大きな違いはないが、倒すまでのアプローチが前項とは異なり、より近くに投げ倒すことが可能になる方法なので、ぜひ覚えておこう。

この方法では、上段突きではなく、上段で振り打ちのように腕を外側から振ることが重要だ。そして、**相手の首に腕をかけて巻き込み、引き付けてしまおう。その状態から足を掛けて引き込めば、自分の腕に首を絡めている分、より相手を近くに倒すことが可能**となる。相手を自分の近くに倒してしまえば、状況に応じて突くなり、蹴るなりしてポイントを取るだけだ。

Point 1 上段の振り打ちで腕を相手の首に掛ける

相手を投げて突く場合、間が近い状態から腕や襟を取ることが多いと思うが、ここでは、外側からフックのように拳を横移動させ、上段の振り打ちを行う。
ただし、実際に上段を打つわけではなく、振った腕を相手の首に掛けてしまおう。

Point 2 掛けた腕で相手を巻き込み引き付ける

腕を相手の首に掛けることができたら、そのまま巻き込んで自分の方に引き付けてしまう。
その際は、肘を曲げて相手の首を挟み込み、首が抜けないようにしておくことが重要だ。また、腕だけでなく、上半身を被せて身体全体で相手を引き込もう。

Point 3 足を掛けて引き込み、近くに倒して突く

Point2で相手を自分の方に引き付けたら、すかさず足を掛けてさらに自分の方に引き込みながら、できるだけ近くに倒そう。
そして、相手が倒れたら、抵抗される前に、すぐに突こう。倒れ方次第で、蹴りの方が早いと判断したときは、蹴ってもいい。

指南 プラス+1

上半身の巻き込みと刈足は同時に

この方法は上半身の動きだけで相手を倒そうとすると、すんなり投げられないことも考えられる。そこで、相手の首を巻き込んで引き寄せたら、上半身を被せて相手を前方に押し、同時に下半身では、相手の踵側から足を掛けて刈るといい。

上半身と下半身は、別方向に力を掛けることで、相手を倒しやすくなると同時に、相手が倒れたとき、上半身が自分の近くにくる。

1 出てくる相手に対して、カウンターで中段蹴りを出す準備をしておく

2 相手が出てくる瞬間に合わせて蹴り始める。

3 軸足を寄せ足せず、そのままの位置から軸足に重心を乗せ、蹴り足を上げていく。

4 相手が間合いを詰めて突きにくるタイミングに合わせて中段を蹴り始める。

出てくる相手に対して、前足の中段蹴りで相手を瞬間的に止め、その隙に刻み突きで上段を突く

No.34
荒賀知子流 連続技の極意

先に相手が出てくるような場合、出てきた瞬間にカウンターで中段を蹴り、瞬間的に相手を止めることができれば、間合いは詰まっているため、上段を突くことができる。

ただし、中段蹴りは横蹴りになるが、出てくる相手は体が横を向いているため、本当に横を蹴ろうとすると、蹴りが抜けてしまう。そこで、**前側の鼠径部あたりを蹴る**ことが重要だ。体の前を蹴ることで、瞬間的に推進力を止められる。

また間合いが近いため、**蹴るときに軸足を寄せてしまうと、間合いが詰まり過ぎる**。同時に、突くタイミングも遅れると詰まってしまい、結果的に突けなくなってしまうので注意しておこう。

5 体の前（ここでは左側の鼠径部付近）を蹴り、瞬間的に相手を止める。

6 相手が瞬間的に止まった瞬間を逃さず、蹴り足を着地させる前に刻み突きを伸ばし始める。

7 相手の上段を刻み突きで突いてポイントを取る。

8 突き終わっても集中力を切らさず、次の動きに備える。

注目ポイント！

蹴りが抜けてしまうと、相手の突きが届く

このテクニックでポイントを取ろうと思ったら、一番重要なのは、相手を止めるための中段蹴りの位置だ。前足での横蹴りになるが、前に出てくる相手に対して、横を蹴ろうとしてしまうと、上の写真のように蹴りが抜けてしまい、相手の推進力を止めることができない。結果、相手は止まることなく間を詰めることができるので、こちらが突くよりも先に突かれてしまう。

そこで下の写真のように、必ず相手の進行方向に対して前側、ここでは左側の鼠径部付近を蹴るのが鉄則だ。中段蹴りはしっかり当てても反則ではないので、推進力を止めるつもりで、しっかり蹴ろう。

1 一度、中段の前蹴りを当てた状態で試合を進める。

2 最初に当てた中段の前蹴りと同じように入り始める。

3 再度、中段の前蹴りを出すように前足を上げ始める。

4 さらに前足を上げながら、重心を前に移動させ間を詰める準備を行う。

一度中段の前蹴りを当てておき、次に同じ蹴りと同じ寄せ方で間を詰めて上段を刻みで突く

No.35
荒賀慎太郎流
連続技の極意-5

まずは**相手の中段に前蹴りを当て、意識を中段に集中させよう。**蹴るときには、後ろ足を寄せず足を上げたと同時に後ろ足を引きつけるようにする。一度蹴られた相手は、次の蹴りに対し警戒するようになり、次に足を上げたとき、前に出てくる可能性はほとんどない。それどころか、後ろに下がる、あるいは足が上がったことに反応し動きが固まるかの2択となる。

この動きを利用して、距離を調整しつつ、自分の攻撃が優先的に決まるように試合をコントロールしていく。そして前蹴りを蹴るフリをして、上段を突くが、相手の目線の中にこちらの膝が上がったことを意識させたいので、膝はできるだけ高く上げよう。

5 前足を落としながら、動きの固まった相手に間を詰めていく。

6 前足を相手の外側に着地させながら、刻み突きで上段を突く。

7 ここではさらにワンツーで逆突きも出している。

8 突き終わりも意識を切らさず、次に備える。

注目ポイント！

相手と同様に予備動作を入れると遅れる

写真を見て分かるとおり、足を上げる際は重心を落とし、相手が予想外のアクションを起こした場合に備え、素早く対処できるようにしておく。

また、No.13でも触れたが、足を上げたと同時に後ろ足を引きつけることがポイントで、ひとつの動作で2つの動作を完了させることにより、相手に与える体感速度を上げることができる。これにより、相手の反応を遅らせたり、一瞬の迷いを生じさせ、対処を遅れさせせることができると覚えておこう。

技術を身につけるための荒賀道場の教え-3

◆先に攻撃しても相手が反撃してくるのは、
攻撃の際の間が遠いということ。
自分の間合いと思っていても、
実際には遠い間合いとなっていることに気付きましょう。

◆相手が攻撃のために後ろ蹴り等で背中を見せたときの対処法は、
相手の背中に向かって間を詰めてから攻撃すること。
先に突き（攻撃）を入れてしまうと、
相手の攻撃を受けやすくなります。

◆相手がフェイントを仕掛けたときは、
下がらずに相手の動きに合わせて
少しだけ前に入って間を詰めましょう。
相手の動きに合わせて入ることは、
相手に悟られずに間を詰める方法です。
間に入ったら相手より先に攻撃しましょう。

第四章

逆体に効果的な技

試合で逆体を苦手としている選手は多い。対逆体では、相手の外側を取るのが基本中の基本だが、実際に攻撃に転ずる場合の効果的なテクニック、逆体からポイントを取るための技を解説する。

流れ

逆体と試合するときは、フットワークを駆使して相手の外側を取る

No.36
対逆体の基本

逆体、つまり逆構えの選手と試合をするケースもある。**対逆体を相手にしたときの鉄則は『相手の外側を取ること』**。これに尽きると言っていい。

相手から見ても、当然、逆体の相手と試合をすることになるため、お互いが外側を取ろうとするはずだ。そのため、鉄則とはいっても、そう簡単に取れるものでもない。フットワークを駆使して常に外側を取ることを心がけ、**外側が取れたら、そのチャンスを逃さず攻撃に転じる**ことが重要だ。

相手にしてみれば、自分自身が中にいて、相手が外側から攻撃してくることになるので、攻撃しにくいだけでなく、攻撃を受けやすい状況となる。

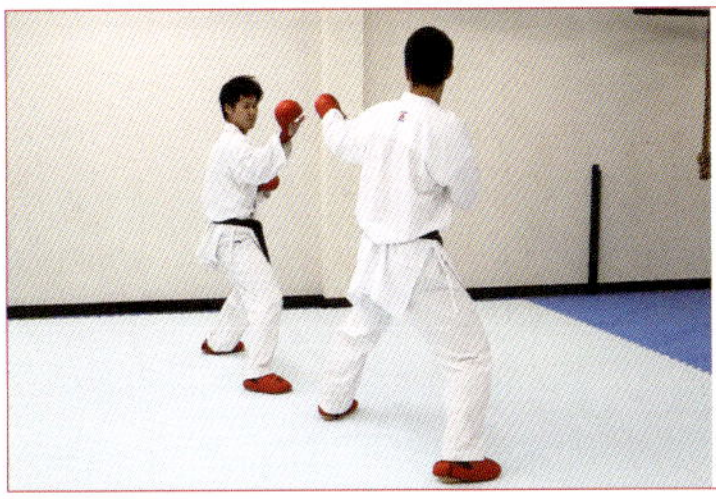

Point 1
対逆体に対しては外側を取るのが鉄則

逆体の相手と試合をするときは、相手の外側を取るのが鉄則中の鉄則だ。

外側を取れているということは、言い換えるなら相手が内側にいるということ。もし相手に外側を取られるようなことになると、自分が内側にいることになり、非常に危険な状態だ。

Point 2
フットワークを駆使して外側を確保する

相手の外側を取れても、相手も動きながら外を取ろうとするはずだ。それでも、フットワークを駆使して、外側を確保することを考えよう。

もちろん、試合中それればかり考えているわけにはいかないので、無意識でも外を取れるようにしておく癖をつけよう。

Point 3
外側が取れた瞬間を逃さず攻撃する

お互い外側を取り合うことになるはずなので、外が取れたら、その瞬間を逃さず攻撃に転じることが重要だ。

試合をしていると、そう簡単に外側を取り続けることは不可能なので、取れた瞬間を逃す手はない。相手は攻撃しにくいのでなおさらだ。

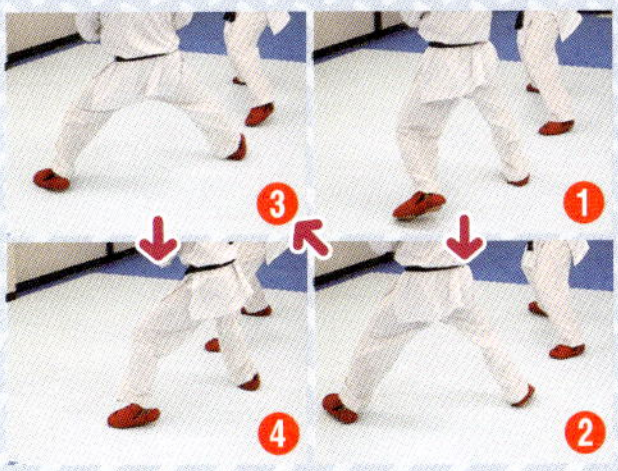

指南 プラス+1
内に入ることで相手の前足を振る

対逆体では、そう簡単に外を取ることはできない❶。そこで、ふいに内に入ると❷、相手はこちらの動きに合わせて前足を移動させることがある❸。その瞬間を逃さなければ、相手の外側を取ることができる❹。相手を振っておいて反対側を取る、ということだ。

1 相手が外を取った瞬間は、前足を含め体が内側に残っている。このとき相手が前に出てくるのに合わせて前拳の相手の前拳の下をくぐるように回し始める。

2 肘を外に開くようにしながら、前拳を相手の前拳の外側に移動させる。

相手が外を取って出てきた瞬間、前拳を捻って腕だけを相手の外側に移動させて、外側から上段の刻み突きを狙う

No.37
逆体に効果的な技-1

前項で解説した通り、逆体の相手と試合をするときは、外側を取るのが鉄則中の鉄則だ。もちろん、相手も外を取ろうとするため、容易に外が取れるわけではないが、だからこそ、外が取れたときは、そのチャンスを逃さず、攻撃しようと思うもの。そこで、ここでは相手が外を取った場合（あるいは意図的に取らせた場合）に、攻撃してくる瞬間を狙って突くテクニックを解説する。

外が取れた相手は、相手（つまりこちら）の突きが抜けると思うため、逆突きで中段を狙ってくるはずだ。その瞬間に、前足を含め体そのものは相手の内側にありながらも、**前拳を相手の前拳の外側からねじ込むようにして上段を狙う。このときは、前拳の肘を外側に開くようにして前拳を内側に振じり、相手の前拳の上からねじ込んでいく**ようなイメージを持っておくといい。

3 前拳を内側に捻りながら、相手の前拳の上から上段を狙う。

4 体そのものは相手の内側にありながら、前拳だけを相手の外側からねじ込んで上段を刻み突きで突く。

注目ポイント！

前拳の動きを覚えよう

ここで解説したテクニックは、前拳の動かし方にある。本来の突きは、構えた位置から真っすぐに拳を伸ばしていくが、逆体相手に内側から普通に突いたのでは、突きが抜けてしまう。

そのため、内側にある前拳を❶、手首を捻りながら相手の前拳の下を通過させ❷、相手の前拳の外側に移動させる❸。写真で見て分かる通り、この瞬間、前拳の肘を捻って外側に開いているため手の甲が内側を向いている。

つまり、体を内側に残しながらも、腕だけが相手の外側にある状態を作り、その位置から捻ってねじ込むように拳を伸ばしていけばいい❹。

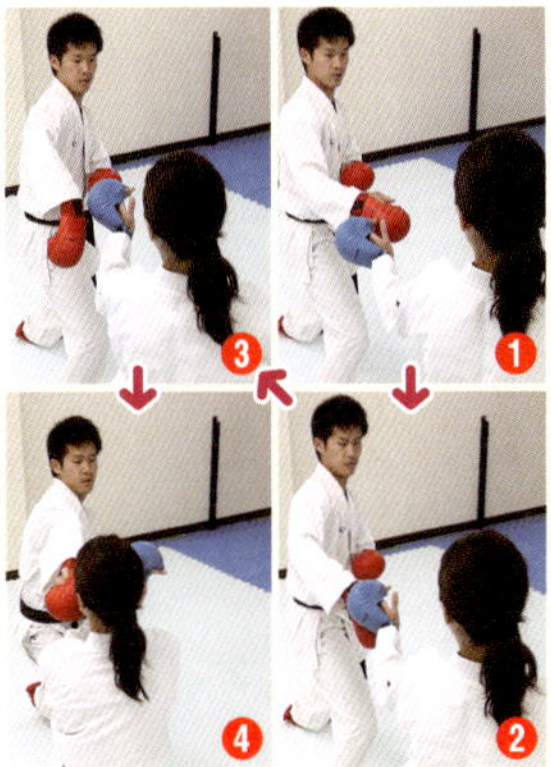

1 相手と外を取り合いながら、チャンスをうかがう。

2 外が取れた瞬間、ワンで前足を外に踏み込みながら刻み突きで上段を突く。

上段のワンツーで相手を内側に残して突きを受けさせ、瞬間的に空いた中段を蹴ってポイントを取る

No.38 逆体に効果的な技-2

こちらが外側を取ったときは、連続で攻撃を仕掛けるなどして、確実にポイントを取りたい。そのようなときに効果的なのが、ワンツーの上段突きを相手に受けさせておいて、最終的に中段蹴りでポイントを取るテクニックだ。

相手を自分の外側に移動させたくないので、まず**ワンで刻み突きを出すときは、外側に踏み込みながら上段を突き、相手の重心が内側に残った状態でツーの上段逆突きを受けさせる。相手は上段突きを受けざるを得ず、瞬間的に中段が空くため、連続で中段を蹴ればいい**。当然のことだが、ワンツーの上段突きがフェイントになってはいけない。突きでポイントを取るつもりで突くことが重要だ。

このテクニックは試合場の中央付近でも効果的だが、相手をコーナーに追い詰めたときなどは、さらに効果を発揮する。

3 ツーで上段の逆突きを出し、相手に突きを受けさせる。

4 瞬間的に空いた中段を蹴ってポイントを取る。

注目ポイント！

ワンで外側に踏み込むことで中段蹴りが狙える

ここで解説したように、この連続技を成功させるには、ワンで出す上段突きが重要になる。ここで前足を外側に踏み込むからこそ、外側から圧力をかけることができ、結果的に外に逃げられないようにできるからだ。真っすぐ踏み込んでしまい、相手に外側に移動されてしまうと、連続技が成立しなくなるだけでなく、その瞬間にこちらが危険な状態になってしまう。

相手を外側に逃がさず❶、自分の内側で上段逆突きを受けさせ❷、瞬間的に空く中段を蹴る❸、という三段階の連続技で確実にポイントを取ろう。

1 相手の意識が上にはないことを見計らい、瞬時に上段の逆突きを出しながら間合いを詰めていく。

2 前足を相手の外側に踏み込みながら前の腕で背中を掴んで、腰を当てていく。

No.39
逆体に効果的な技-3

上に意識がいかないようにさせておいて、上段を突いて一瞬にして上に意識を持っていかせ、腰をぶつけて倒して突く

外を取ることに集中していた場合や、あるいは外を取り合う間にも中段を狙っているように見せるなどして、上段に意識が行かないような状態にある場合、不意に上段の突きを見せると、一瞬にして上に意識が行き、いつくと同時に重心が高くなるものだ。

この瞬間を逃さず、**間合いを一気に詰めてしまい、腰をぶつけながら前の腕を相手の背後に回して道着を掴んで前足を刈りながら後方に倒してしまえば**、突いてポイントを取ることができる。

この技で重要なのは、**間合いを詰めたときに、しっかりと相手の腰に自分の腰をぶつける**ことだ。密着できず腰が離れてしまうと、力が伝わらないため足を刈ることができず、倒せないまま間合いを詰めただけの状態になってしまう。刈る足は引き付け、背後を取った腕は後方に押し込むことで、相手を自分の近くに倒すことができる。

3 相手の前足を手前に刈りながら、背中を掴んだ腕で後方に押し込むようにして相手を倒す。

4 相手が倒れた瞬間に突いてポイントを取る。

注目ポイント!

背中を掴んで、相手の前足を前に払うように刈る

このテクニックでポイントを取る場合、いちばん大切なのは相手を倒す瞬間だ。

相手と正対したまま前足を刈ろうとすると、自分の方に相手の足を引き付けるような状態になってしまうため、バランスを崩しやすい。場合によっては勢いで自分も倒れてしまいかねないので、写真のように、相手の背後から同じ方向を向くような間合いの詰め方をするのが望ましい。

この状態から相手の足を前に払いながら背中を掴んだ腕で押し倒し、刈足を着地させ体を反転させて倒れた相手の体をまたいでしまえばいい。連続写真の4枚目のように、目の前に突く部位が現れているというわけだ。

1 失敗してポイントを取られたときと同様に、相手が外を取っている状態でも自分から攻めていく。

2 相手がカウンターで出してきた中段の逆突きを、軸足を引き付けながら背中で抜く。

No.40 逆体に効果的な技-4

先に中段で取られるなど、自分のミスを逆手に取り、相手の中段突きを背中で抜いて裏回しで蹴る

相手が外を取っている状態から、たとえば自分から飛び込み上段を突こうとして、逆にカウンターで中段を突かれるなどしてポイントを取られてしまったとする。その後、同じような状況から、また自分から飛び込んで行けば、相手はまた来たと思い、カウンターを合わせようとするだろう。

そこで、相手のこの心理を利用し、同じように**飛び込んでカウンターを出させておいて、それを背中で抜いてしまい、上段の裏回し蹴りでポイントを取る**というのが、このテクニックだ。相手が外を取っている分、相手の中段逆突きは背中で抜けやすく、前の腕で抜いた腕を押さえてしまえば、より蹴りが入りやすくなる。

たとえ一度失敗してポイントを取られても、あえてそれを利用してポイントを取り返すことができれば、それは失敗ではなくなる。

3 刻み突きを出していた前の腕で相手の腕を自分の背後に振り払いながら、軸足を着地させて蹴る準備を始める。

4 上段の裏回し蹴りでポイントを取る。

注目ポイント！

相手がカウンターを出しやすい状況を作る

　逆体と試合をするとき、相手の外を取るのは鉄則だが、あえて内側から攻撃することにより、相手にはカウンターを当てやすいと思わせることができる。ましてや、一度同じ状況でポイントを取っているとなれば、相手はよりこちらの誘いに乗りやすくなる。

　そのため、一度失敗しているからといって、中途半端な位置取りや飛び込みになってしまうと、相手を誘いにくくなり、結果的に、このテクニックでポイントを取りにくい、という状況になってしまうので注意しておこう。

　相手の内側から飛び込み❶、体を横に向けながら相手の中段逆突きを抜き❷、刻み突きで前に出していた腕で相手の腕を背後に払って❸上段を蹴ってポイントを取ろう❹。

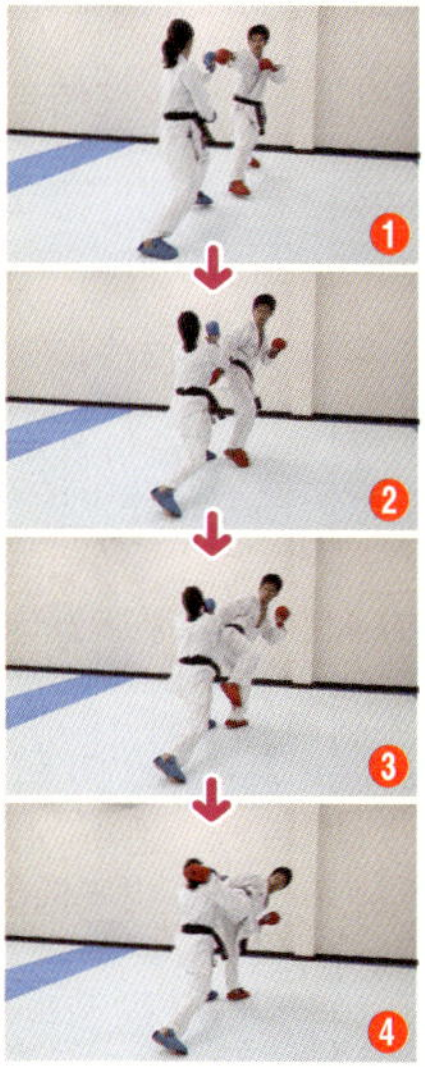

1 外を取っていても取っていない状態でも、自分から攻めていく。

2 間合いを詰めながら中段の逆突きでポイントを取るつもりで、しっかりと突きに行く。

中段の逆突きに反応させて前拳を落とさせ、あらかじめ前方に出しておいた前拳で上段の刻み突きを狙う

No.41
逆体に効果的な技-5

本書で何度も触れているが、本来、逆体と試合をする際は、外を取るのが基本だ。しかし、自分よりも大きい選手などの場合、外を取るのが困難なこともある。このような相手に効果を発揮するのが、ここで解説するこちらの**中段逆突きに反応して前拳を落とさせ、瞬時に刻み突きで上段を突く**方法だ。このテクニックは自分が外を取っている状態はもちろん、自分が中にいる状態の時でも効果を発揮する。

大切なのは、**最初の逆突きをしっかり出す**こと。これがフェイントのようになってしまったり、距離が足りなかったりすると、相手は反応せず前拳が残ったままなので、ツーで刻み突きで突こうとしても先に当てられてしまう。

そしてもうひとつ大切なのは、**ツーの刻み突きは、拳をあらかじめ前に出しておき、移動距離を短くして素早く突く**ということだ。

3 こちらの逆突きに対し、相手が前拳でこちらの突きを落とそうと反応して、腕を下げる。このとき、前拳を前方に出しておく。

4 相手の前拳が落ちている間に、前方に出しておいた前の腕で上段の刻み突きを狙う。

注目ポイント！

相手に反応させ、前拳を落とさせないとポイントを取られる

　このテクニックの成否は、兎にも角にも相手の前拳を落とさせることに尽きる。つまり、こちらの逆突きに反応させ、落とそうとして腕を下げさせることができなければ、成功しないばかりか、逆にポイントを取られる危険性が高くなってしまうだけだ。

　よくある失敗例としては、フェイントのような突きになってしまい、その場で少しだけ突いているように見える突き方をしているというもの。自分は突いているように見せているつもりでも、相手はまったく反応しない。しっかりと当てに行くつもりで突いてはじめて、相手が反応すると覚えておこう。

　また、ワンで逆突き、ツーで刻み突きを出すが、これが1・2のタイミングになってしまうと、相手の逆突きを当てられる。前拳を前に出しておき、1.5くらいのタイミングでツーが出せるように準備しておくことも重要だ。

逆突きが落とされたときには、すでに前拳を前に出しておくと、素早く突ける。

1 重心を後ろ足に乗せて後方に残したまま、前足を自由に動かせるようにしておく。

2 軸足の引き付けと蹴る動作の初動を同時に行う方法を利用して、相手の前足を払いに行く。このとき、上半身、特に顔の位置が前に出ないように注意しておく。

軸足の引き付けと蹴る動作の初動を同時に行う方法を利用して前足を払い、意識を足元に向けさせた瞬間、刻み突きで上段を突く

No.42
逆体に効果的な技-6

ここでは、逆体の場合、相手の前足が自分の前足の前にあることを利用して、前足を払って足元に意識を向かせた瞬間に上段を突くテクニックを解説していく。

通常、相手の前足を払おうとすると、後ろ足を引き寄せてから前足を前に出していくが、相手が逆体だと、寄せ足をした瞬間に初動を悟られるため、刻み突きで上段を突かれてしまうものだ。そこで、初動を悟られるのを遅らせるために、No.21（P56）で解説した、**軸足の引き付けと蹴る動作の初動を同時に行う方法を利用して、前足を払う**といい。払うといっても、相手の意識を足元に向かせることが目的なので、足に触れるだけでも十分だ。その代わり、カウンターで上段の刻み突きを受けないよう、**重心を後ろに残したまま体を後ろに倒し、相手との距離を確保**しておこう。そのまま刻み突きで上段を狙う。

3 相手の前足を払い、意識を足元に向かせた瞬間を逃さず、上段を突きに行く。

4 上段の刻み突きでポイントを取る。

注目ポイント！

内側からなら前を、外側からなら裏を払う

　このテクニックは、自分が外を取っている場合はもちろんだが、相手に外を取られている場合でも効果的だ。ただし、外を取っている場合と取られている場合では、当然、足の払う位置が変わってくる。外を取っているなら、上の写真のように外から相手の裏側（ふくらはぎ側）を払う。外を取られているなら、下の写真のように、相手の足の前付近を払う。

　ただし、相手の足を払わなければいけないわけではなく、触れる程度でも、場合によっては自分がバランスを崩さなければ空振りしてもいい。重要なのは相手の意識を足元に向けさせることだ。

　重心を後ろ足に残したまま前足を自由に動かせる状態を作っていれば、空振りしてもバランスを崩すことはない。

自分が外を取れているなら、外側から相手の裏側を払う。

外を取られているなら、前足の前の方を払う。

1 上段を刻み突きで突くような入り方で間を詰めていく。

2 軸足の引き付けと蹴る動作の初動を同時に行う方法を利用して、蹴る準備を行う。

上段刻み突きのように間を詰めていき、軸足の引き付けと前足の踏み込みを同時に行う方法を利用して相手の背中を蹴る

No.43
逆体に効果的な技-7

逆体の相手と試合をするとき、外を取れたら、その瞬間を逃さず攻めるのが鉄則だが、変化をつけて相手の意表を突くことができれば、よりポイントに近づく。

ここでは上段の刻み突きのように間を詰めていき、刻み突きを意識させておいて相手の背中を蹴るテクニックを解説していく。

まずは前足を踏み込みながら刻み突きを伸ばしていくように見せ、相手には刻み突き（前拳）を意識させよう。そして、No.21（P56）で解説したように、**軸足の引き付けと前足を踏み込む動作を同時に行う方法を利用して、ワンステップで蹴りの体勢を作り、背中を蹴ればいい**。このときは、帯より下、臀部を蹴ってしまうと反則になってしまうので、**背中のなるべく上を蹴る**よう意識しておこう。テコの原理で、なるべく上を蹴る方が相手のバランスを崩せるため、審判へのアピールにもつながる。

3 軸足の踵を前に出すようにして、より遠く、より強く蹴れるように準備しながら、蹴り足を振り上げていく。

4 上体を後方に倒して、反撃されないように注意しながら、相手の背中を蹴る。

注目ポイント！

なるべく背中の高い位置を蹴る。帯より下は反則になる。

背中を蹴るときは、なるべく高い位置を蹴るよう心がけておこう。帯より下の低い位置を蹴ってしまうと反則になってしまうだけでなく、相手がバランスを崩しにくいので、有効打として認められにくいという理由もある。

これは帯より上を蹴った場合であっても同様で、蹴る位置が高いほど、相手はバランスを崩しやすい。バランスを崩したときに、前に踏み出してしまうようであれば、なおさら審判にはアピールとなるため、よりポイントにつながりやすくなる。

ただ蹴ればいいというのではなく、蹴ったあとの効果まで考えておくことが重要だ。

帯より下を蹴ってしまうと、反則になるだけでなく、バランスも崩しにくい。

蹴る位置は、なるべく高いほうがポイントにつながりやすい。

技術を身につけるための荒賀道場の教え-4

◆相手の攻撃は考えず、自分が素早く攻撃できるよう、
相手のタイミングより早く接近して
自分の間に入ったら先に攻撃しましょう。
自分から相手との距離・間を切ることも重要であり、
自分の攻撃の間を体感しておくことが重要です。

◆打ち込み練習のときに自分の攻撃の間を覚え、
対戦相手の身長、手足の長さに
迷わされないように注意しましょう。
自分の攻撃の間をしっかりと
理解して覚えていなければ、
対戦相手の攻撃の間で立つことになります。

第五章 トレーニング

組手の試合では、テクニックだけを磨いても十分とは言えない。そのテクニックを活かすための突きや蹴りのスピード、正確性をアップさせるトレーニングを中心に紹介していく。

1 構えて意識を集中させる。

2 前足（ここでは右足）を踏み込み始めながら、刻み突きを突き始める。

3 前足を踏み込んで、刻み突きをしっかり伸ばす。

4 後ろ足を引き付けて、さらに前足を踏み込み始めながら右腕を引き、逆突きを突き始める。

突きのスピードを上げる練習-1

No.44
トレーニング

ここで解説するトレーニングは基本の突きだが、基本だからこそ、しっかりと練習しておこう。この練習をおこなうときは、**スピードを意識して、腕の回転を速くする**ことが重要だ。本書の中で何度か出てきたテクニックのひとつに、拳を前に出して、移動距離を短くさせるというものがあったが、そのイメージで、**腕を前に出し、回転させるように突いてもいい**。

ただし、スピードを上げることを意識しすぎるあまり、突いたときに腕を伸ばすことができなければ、試合でポイントには結びつかなくなってしまう。**腕はしっかり伸ばして突き、それでいて高速で回転させる**ことが重要だ。

5 前足を踏み込んで、逆突きをしっかり伸ばす。

6 後ろ足を引き付けながら左腕を引き、再度、刻み突きを突き始める。

7 前足を踏み込みながら、刻み突きを突く。

8 スピードと腕をしっかり伸ばすことを意識しながら、刻み突きと逆突きを交互に突く。

注目ポイント！

回転させながらも、腕をしっかり伸ばす

繰り返しになるが、この練習では両拳を前に出して、突いたあとに引く距離を短くさせ、両腕を回転させるようなイメージで突いて構わない。ただし、刻み突き、逆突きともに、しっかりと腕を伸ばすことだけは忘れずに実行しよう。

また、腕を伸ばすといっても、本当に伸ばすだけではポイントにならない。腕を伸ばして、『しっかりと突く』意識を持つことが重要だ。

1 構えて意識を集中させておく。

2 前足を踏み込みながら逆突きで突き始める。

3 突きがおろそかにならないよう、腰を入れてしっかり伸ばす。

4 突き終わったら、すぐに腕を引き戻し始める。

突きのスピードを上げる練習-2

No.45-01
トレーニング

　ここでは中段の逆突き練習を解説していく。突きそのものの練習であることはもちろん、突きのスピードを強化するための練習なので、スピードを意識しながら取り組んでみよう。

　この練習は、**軸足は移動させず、前足のみを出入りさせて逆突きで突く**練習だ。踏み込んで突く、突いた腕を引き戻しながら、前足も元に戻す。そしてまた突くを繰り返すが、速さを意識すると、前足の出入りがおろそかになり、踏み込んだまま逆突きだけを繰り返してしまうことが多い。これでは練習にならないので注意しておこう。

　また、前足の出入りをスムーズにさせるためにも、**重心を軸足に乗せたまま突く**よう心がけておく。

5 突いた腕を戻すと同時に、前足も元に戻す。

6 最初の体勢に戻り、そのまますぐにまた突きに行く。

7 軸足は動かさず、スピードを意識して突き始める。

8 1から7をスピードを意識しながら繰り返す。

注目ポイント!

重心を後ろに残して、前足を斜め前に開いて突く

軸足を動かさず、その場で突く練習の場合は、突くために踏み込んだ瞬間を除き、重心は後ろに残して、前足を自由に動かせるようにしておこう。

また、逆突きはカウンターの要素が強いので、真っすぐには踏み込まず、必ず斜め前に開きながら突く意識を持っておくことが重要だ。相手が入ってきていることをイメージしながら、前足だけを動かして突くといい。

1 構えて意識を集中させておく。

2 重心を軸足に移動させ、後ろ足を引き付ける準備をする。

3 両足を引き寄せるように後ろ足を引き付け、両足の間に力を溜めるように集中させる。

4 後ろ足で床を蹴りながら、前足を踏み込み始める。

突きのスピードを上げる練習-3

No.45-02
トレーニング

前項では軸足を動かさず、その場で突く練習を解説したが、ここでは、軸足を寄せて前に進みながらスピードを意識して突く練習を解説していく。前項同様、突きのスピードを強化するための練習なので、スピードを意識しながら取り組んでみよう。とは言っても、**突きそのものよりも、足運び（運足）の速さを意識しておく**ことが重要だ。

足運びは、一つひとつの歩幅を大きくせず、細かく刻む意識を持とう。細かく速くを意識することだけを意識してしまうと、足が追い付かなくなってしまうので注意。また、**突きそのものは、構えた位置から脇を締め、肘を引かずにノーモーションで突く**ことを意識しておこう。

5 前足を踏み込みながら、逆突きで突き始める。

6 前足を着地させ、逆突きをしっかり伸ばす。

7 突いた腕を引き戻しながら、軸足を引き寄せる。

8 1から7をスピードを意識しながら繰り返す。

注目ポイント！

足運びを速くするためには、細かく刻む

この練習は突きのスピードを強化するためのものだが、突きは上半身の動きだけが速くなればいいというものではない。上半身ばかりが先走ってしまうと、足が追い付いていかず、前のめりになるような突きになってしまうため、ポイントを取れるような突きにならない。

運足が速くなれば、突きもそれに追い付いてくるので、細かく速く刻むことを意識して練習に取り組もう。

連続写真を見ると分かるとおり、前足を踏み込む距離と軸足を引き付ける距離は、足の大きさほどでしかなく、30センチにも満たない距離なのが分かる。

1 構えて意識を集中させる。

2 最初のみ、軸足を引き付けて蹴る準備に入る。

3 軸足を引き付けて着地させ、中段を蹴る動きに入る。

4 速さと正確さを意識して、ミット目がけて足を振り上げていく。

蹴りのスピードを上げる練習-1

No.46-01
トレーニング

ここでは、中段前蹴りのスピードをアップさせる練習を解説していく。2人一組になり、一方はミットを持って中腰に低く構え、ミットそのものを斜めにしておく。練習する側は相手に対して横を向いて半身になって構える。そして軸足となる後ろ足は動かさず、その場で蹴り足である前足のみを素早く動かしてミットを蹴り続けよう。

　このとき大切なのは、**蹴るときに前の腕を落とさないようにする**こと。勢いをつけようとすると、無意識に腕を引いてしまうので、意識的に前に残しておこう。また、**ミットを蹴った時、単に蹴るだけでなく、当たった瞬間に腰を切る**ことが重要だ。この動きが、強く重い蹴りを生む。

5 ミットを蹴った瞬間に腰を切って強い蹴りを意識する。

6 素早く蹴り足を戻し始める。

7 一旦、蹴り足を床に着地させ、すぐに蹴りの動作に移る。

8 1から7を素早く正確に繰り返す。

注目ポイント!

前の腕を引き腰を切らない練習は意味がない

解説したように、この練習では単に正確さとスピードだけを意識すればいいというわけではない。ありがちな失敗として、右側の写真のように前の腕を引いて勢いをつけ、さらに腰を切らない、というものがある。

左の写真のように、前の腕は残し、当たった瞬間に蹴りを押し込むようなイメージで腰を切ることを意識して練習することも大切だ。

1 構えて意識を集中させる。

2 重心を軸足に残したまま前足は蹴る動作に入る。

3 さらに前足を上げていき、ミット目がけ、素早く正確におこなうことを意識して蹴り始める。

4 軸足を引き付けながらミットを蹴る。このときも重心は軸足に乗せておく。

蹴りのスピードを上げる練習-2

No.46-02
トレーニング

前項に引き続き、中段前蹴りのスピードをアップさせる練習を解説していくが、ここでは前に移動しながら中段を蹴っていく。ただし、教科書にあるような軸足を寄せてから蹴るのではなく、寄せ足をせず、蹴る動作に入ると同時に軸足を引き付け、軸足を着地させて蹴る、という動作を素早く正確に繰り返しながら前進していく。つまり、**寄せ足から蹴るというツーモーションの動きではなく、寄せ足と蹴りを同時に行うワンモーションでおこなう**わけだ。

この練習では、前拳は前に置いたままで、かつ、重心を常に軸足に置いておこう。腰の高さを一定に保ち、蹴り終わって下ろした足の反動で次を蹴る。

5 蹴り足をすぐに戻す。

6 5で戻した反動を利用して、すぐに蹴り始める。

7 腰の高さを一定に保ちながら、思った通りのミットの位置を腰を切りながら素早く蹴る。

8 1から7を素早く正確に繰り返す。

注目ポイント！

教科書にあるような寄せ足をしない

解説したように、この練習では教科書にあるような寄せ足をしてから蹴るというツーモーションの手順は踏まないよう心がけておこう。これは、この練習のポイントというより、荒賀道場の教えだ。寄せ足をするというひとつの動きを省くことで、より素早い蹴りを出すことが可能となるのだ。

❷の動作（寄せ足）が省かれることで、ワンモーションでの蹴りが可能となる

1 練習相手に、突く場所に目標物（ここではグローブ）を移動してもらう。

2 軸足は動かさず、前足のみを踏み込みながら、目標物に向かって突き始める。

3 目標物に向かって全力で突く。

4 意図した場所を突けているか確認しながら練習する。

突きの精度を上げる練習

No.47 トレーニング

さまざまな突きのテクニックを覚えたとしても、突きそのものの精度、いかなる状況でも意図した場所を突けるコントロールなくして、ポイントを取ることはできない。そこで、ここでは突きの精度、コントロールを上げるための練習法を解説する。

目標物（ここでは練習相手のグローブ）を突いて精度を上げていくが、**まずは全力で突いてみて、正確な位置を突けるか確認**しよう。正確に突けているなら、何度も繰り返したり、相手に突く場所を変えてもらったりしながら、いかなる状況でも正しく突ける練習をおこなう。**ズレる場合は、小手先ではなく体全体に意識を広げ、微調整を繰り返し**ながら精度を上げていく。

5 突いた腕を元に戻す。

6 正しい位置を突けているなら、それを繰り返す。ズレているようなら、体全体に意識を配り、微調整していく。

7 再度、目標物に向かって突き始める。

8 1から7を全力で繰り返しながら、突きの精度を上げていく。

注目ポイント！

全力で突いてみて、はじめて突きの精度を知る

練習のための練習になってはいけないので、試合と同じように全力で突いてみよう。その結果、ズレてしまうようであれば、当然、試合でも突きはズレているはず。拳は最短距離で真っすぐ突き、遠回りしないように注意しておこう。

ズレは腕だけでなく足や上体などにも意識を向け、体全体で微調整していくことが重要だ。

全力で突いて、ズレているか確認してみる。

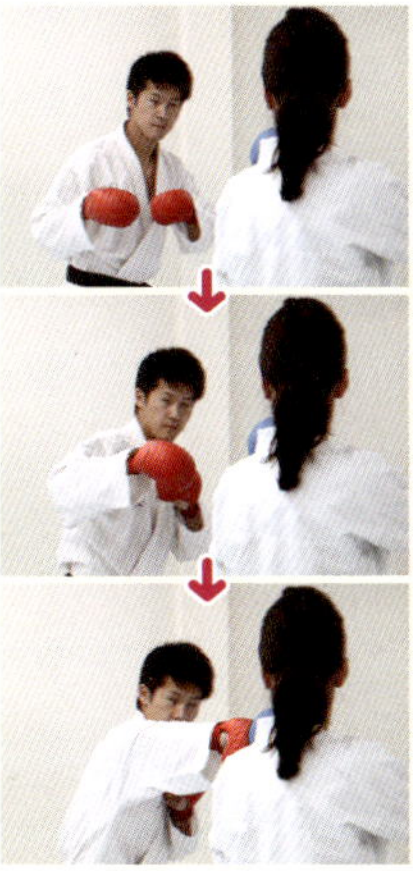

突きは遠回りにならないよう、注意しておこう。構えた位置から肘が開いたりして拳が遠回りしてしまうと、コントロールしにくい。

1 練習相手が指定した場所を瞬時に判断して、蹴り始める。

2 練習相手が指定した場所目がけて、ここでは上段の裏回し蹴りでミットを蹴る。

3 練習相手がすぐに別の場所（ここでは上段）を指定する。

4 指定した場所を瞬時に判断し、ここでは上段蹴りでミットを蹴る。

No.48 トレーニング

蹴りの精度を上げる練習

突きに引き続き、ここでは蹴りの精度、いかなる状況でも意図した場所を蹴れるコントロールを身につける練習を解説する。

練習相手に、両手にミットをはめてもらい、指定された場所を瞬時に蹴るという練習法だ。この練習では、1箇所を集中的に蹴るのではなく、上段の表裏や中段の前蹴りなど、**ありとあらゆる部分を指定してもらい、瞬時に判断してミット目がけて蹴る**ことが重要だ。もちろん、片方の足だけでなく、両足を使って練習する。

試合で、蹴れるチャンスは一瞬だ。その意識を持って、**どちらの足でどう蹴ればいいのかを瞬時に判断して、正確な位置を蹴れる**ように練習しておくことが重要となる。

5 練習相手がすぐに別の場所（ここでは中段）を指定する。

6 練習相手が指定した場所目がけて、ここでは中段の前蹴りでミットを蹴る。

7 練習相手がすぐに別の場所（ここでは中段）を指定する。

8 瞬時に場所を判断して、後ろ足で中段を蹴る。

9 練習相手がすぐに別の場所（ここでは上段）を指定する。

10 裏回しで上段を蹴る。これらを繰り返す。

相手の中段突きを受けてカウンターを当てる

1 相手が中段逆突きで突いてくる。

2 相手の突きを前拳で下に落とす。

相手の上段蹴りを受けてカウンターを当てる

1 相手が上段を蹴ってくる。

2 腕を顔から遠い位置に上げて、相手の上段蹴りを受ける。

中段突き/上段蹴りを受けてカウンターを当てる練習

No.49 トレーニング

組手の試合では、カウンターはひとつの戦術として大きな武器であり、上手であればあるほど、相手にプレッシャーを与えられる。そこで、ここでは、例として『相手の中段突きを受けてカウンターを当てる』練習と、『相手の上段蹴りを受けてカウンターを当てる』練習を解説しておく。

まず中段突きを受けてカウンターを当てる練習では、相手の中段突き（ここでは逆突き）を前拳で下に落として逆突きで上段を突く。

上段蹴りを受けてカウンターを当てる練習では、相手の蹴りに対して顔（上半身を傾けてしまうような状態）を避けないよう注意するとともに、しっかり腕を広げて顔から遠い場所で受けることが重要だ。

3 相手の突きを落としたら、前足を踏み込みながらカウンターで逆突きを出していく。

4 逆突きで相手の上段を突く。1〜3を繰り返す。

3 相手の上段蹴りを受けながら、前足を踏み込みながらカウンターで刻み突きを出していく。

4 刻み突きで相手の上段を突く。1〜3を繰り返す。

注目ポイント！

相手の突きは最短距離で落とす。蹴りは顔が逃げない

相手の中段突きを落とすときは、前拳が最短距離を移動して落とすよう心がけておこう。また、中途半端に落とさず、しっかり落としてから突きにいこう。

上段蹴りを受けるときは、受けるために上げた腕を開き、なるべく顔から遠い位置で受けよう。近いと蹴りが入っているように見えてしまう。また、顔が逃げてしまうと、相手との距離ができてしまうため、そのあとの突きが遠くなる。

最短距離で下に落とす。

顔を避けて体が斜めになってしまうと、突きが遠くなる。

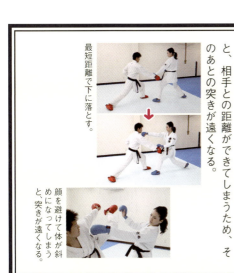

1 サークルを2つ並べ、その先で相手に構えてもらう。重心は後ろ足に乗せておく。

2 前足を踏み込んで1つ目のサークルに前足を着地させる。

3 前足を着地させると同時に、後ろ足を引き寄せる。この状態でも重心を後ろ足に乗せておく。

4 重心を乗せた後ろ足を蹴り、突く準備を始める。

突きの距離を長くする練習

No.50
トレーニング

相手の攻撃に合わせてカウンターを当てるなどの場合は、相手が間合いを詰めてくるため、自分から踏み込むことはないが、このような状況でない限り、基本的に刻み突きは前に踏み込んで突くものだ。飛び込んで突く以上、距離を長くできれば、それに越したことはない。そこで、ここでは長い距離を飛び込めるようになる練習法を解説する。

ここでは直径30㎝程度のサークルを用いているが、このような道具がなければ、線を引くなどでも構わない。2つ目のサークルを意識的に飛び越えることで、突きの距離を長くしていく。飛び込む直前は、寄せ足せずにワンモーションで突く意識を持ちながら練習することも重要だ。

5 前足を踏み込みながら刻み突きで突きにいく。

6 さらに腕を伸ばして突きに行く。

7 前足を着地させながら、相手の上段を刻み突きで突く。

8 刻み突きで相手の上段を突く。**1**〜**7**を繰り返す。

注目ポイント！

前足に重心が乗ってしまうと距離が出せない

ありがちな悪い例として、重心が前足に乗ってしまうということが挙げられる。写真を見て分かるように、重心が前に乗ってしまうと蹴りが弱くなる。そのため、距離が出せない。

そればかりか、下半身が残り、上体だけが突っ込んでしまうため、突きそのものも弱くなってしまうので、必ず重心は後ろ足に乗せておこう。

監修
荒賀道場

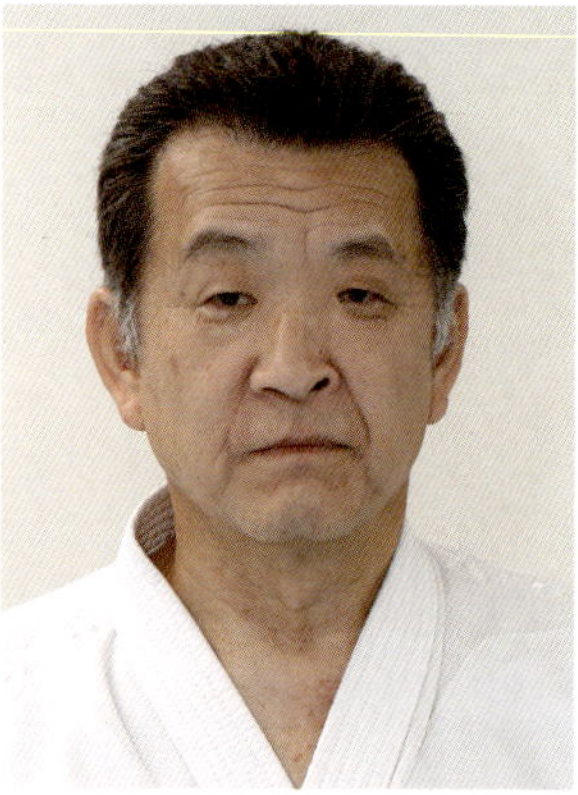

荒賀正孝

1952年生まれ　京都産業大学卒業。
1988年に荒賀道場を開設し、長女・知子氏、長男・龍太郎氏を世界選手権の王者に、次男・慎太郎氏を学生選手権や国体の王者に育て上げた空手道場の名門、荒賀道場の代表指導者。

経歴
1973年　正剛館小松原道場入門
1977年　日本空手道般若館　名称変更
1988年　荒賀道場開設
1988年　京都府空手道連盟加盟
2001年　京都府空手道連盟　事務局長
2009年　（公財）全日本空手道連盟審判委員会　委員
2017年　（公財）全日本空手道連盟審判委員会　副委員長
2012年　近畿地区協議会技術委員会　事務長
2016年　近畿地区協議会技術委員会　委員長
2013年　京都府空手道連盟　理事長
2013年　京都府競技力向上対策本部　空手道ヘッドコーチ

戦歴
1977年　第3回財団法人 全日本空手道連盟 剛柔会全国大会 個人組手　優勝
1977年　第4回世界空手道選手権大会　東京大会　団体戦出場
1981年　第9回全日本空手道選手権大会　個人組手　第4位

受賞歴
2008年　京都府空手道連盟　役員功労賞
2017年　スポーツ功労者顕彰　文部科学省
2018年　京都府スポーツ功労賞　京都府

指導歴
1985年　京都府空手道連盟　選手強化コーチ
1988年　荒賀道場にて指導

木下（旧姓：荒賀）知子

1985年生まれ

京都産業大学卒業。華頂女子高等学校・京都産業大学・華頂女子高等学校非常勤講師空手道部コーチ

戦歴・経歴

2004年　第17回世界空手道選手権大会　53kg級　優勝
2006年　第18回世界空手道選手権大会　53kg級　優勝
2006年　第15回アジア競技大会　空手道競技　53kg級　優勝
2005年　日本メキシコ友好親善大使に任命　　愛・地球博2005愛知
2006年　JOCスポーツ賞優秀賞
2006年　第55回日本スポーツ賞優秀選手（読売新聞社）

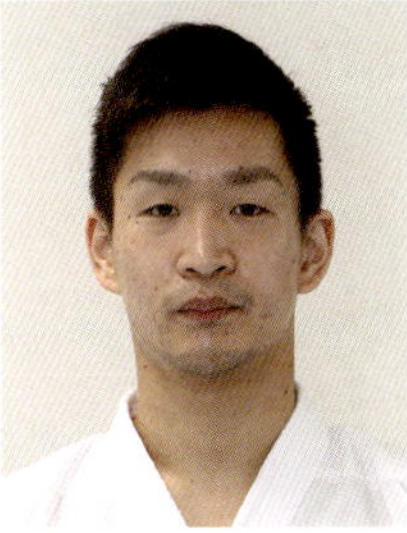

荒賀龍太郎

1990年生まれ

京都産業大学卒業。荒賀道場。平成30年度全日本強化選手（-84kg級）

戦歴

2006～2008年　インターハイ　選抜大会　国体　全競技優勝　8冠（高校時代）
2007年　第5回世界ジュニア＆カデット空手道大会　カデット（16～17）75kg級　個人組手　優勝
2008年　第9回アジアジュニア＆カデット空手道大会　カデット（16～17）75kg級　個人組手　優勝
2008年　第36回全日本空手道選手権大会　個人組手3位　　団体戦優勝
2009～2012年　第64・65・66・67回国民体育大会　重量級　優勝
2009年　第53回全日本学生空手道選手権大会　個人組手優勝
2009年　第37回全日本空手道選手権大会　個人組手優勝　団体戦優勝
2010年　open de paris karte 2010　個人組手－84kg級　優勝
2010年　第54回全日本学生空手道選手権大会　個人組手優勝
2010年　第38回全日本空手道選手権大会　個人組手3位　　団体戦優勝
2011年　第39回全日本空手道選手権大会　個人組手優勝　団体戦優勝
2012年　第21回世界空手道選手権大会　-84kg級　準優勝
2012年　第40回全日本空手道選手権大会　個人組手2位　　団体戦優勝
2013年　ワールドゲームズ2013 カリ大会　-84kg級　優勝
2013年　スポーツ祭東京2013 第68回国民体育大会空手道競技　重量級　第2位
2013年　スポーツアコードワールドコンバットゲームズ2013 -84kg級　第2位
2013年　第12回アジアシニア空手道手権大会　-84kg級　優勝
2013年　第12回アジアシニア空手道手権大会 -85kg級優勝
2013年　第41回全日本空手道選手権大会　個人組手2位　　団体戦優勝
2014年　空手1プレミアリーグ　オキナワ ジャパン　-84kg級優勝　沖縄
2014年　第17回アジア競技大会　-84kg級 優勝
2014年　第22回世界空手道選手権大会　-84kg級　準優勝
2014年　第42回全日本空手道選手権大会　個人組手優勝　団体戦優勝
2015年　2015紀の国わかやま国体 第70回国民体育大会空手道競技　重量級　優勝
2015年　第43回全日本空手道選手権大会　個人組手優勝　団体戦優勝
2016年　第23回世界空手道選手権大会　-84kg級　優勝
2016年　第44回全日本空手道選手権大会　個人組手優勝　団体戦優勝
2017年　第45回全日本空手道選手権大会　個人組手2位　団体戦優勝
2018年　第18回アジア競技大会　-84kg　優勝
2018年　KARATE 1プレミアリーグ　ベルリン2018

荒賀慎太郎

1993生まれ

京都産業大学卒業。荒賀道場。京都府警

戦歴

2011年　第38回全国高等学校空手道選手権大会　個人組手　優勝
2011年　おいでませ！山口国体 第66回国民体育大会空手道競技　少年男子組手　優勝
2012年　第1回東アジアジュニア&カデット及び第2回東アジアシニア空手道選手権大会 -60kg級　第2位
2012年　第11回アジアシニア空手道手権大会　　-60kg級　第3位
2013年　第3回東アジアシニア空手道選手権大会　-60kg級　第3位
2013年　2013年第68回国民体育大会（東京国体）　軽量級　優勝
2013年　第12回アジアシニア空手道手権大会　-60kg級　第3位
2014年　長崎がんばらんば国体 第69回国民体育大会空手道競技　軽量級　優勝
2015年　2015紀の国わかやま国体 第70回国民体育大会空手道競技　軽量級　優勝
2017年　KARATE 1シリーズA　ザルツブルク2017　-67kg　第3位

STAFF

●企画・取材・原稿作成・編集
冨沢　淳

●写真
真嶋和隆

● Design & DTP
河野真次

●監修
荒賀道場
荒賀正孝

1952年生まれ　京都産業大学卒業。
1988年に荒賀道場を開設し、長女・知子氏、長男・龍太郎氏を世界選手権の王者に、次男・慎太郎氏を学生選手権や国体の王者に育て上げた空手道場の名門、荒賀道場の代表指導者。

空手「組手」　必勝テクニック50
最強道場が教える攻撃技の極意

2019年8月30日　第1版・第1刷発行
2020年2月 5 日　第1版・第2刷発行

監修者　荒賀道場（あらがどうじょう）
発行者　株式会社メイツユニバーサルコンテンツ
（旧社名：メイツ出版株式会社）
代表者　三渡　治
〒102-0093 東京都千代田区平河町一丁目1-8
TEL：03-5276-3050（編集・営業）
03-5276-3052（注文専用）
FAX：03-5276-3105
印　刷　三松堂株式会社

ご意見・ご感想はホームページから承っております。
ウェブサイト　http://www.mates-publishing.co.jp/

編集長:折居かおる　副編集長:堀明研斗　企画担当:堀明研斗